Reading & Interpretation
大家写小书·马恩经典著作新读

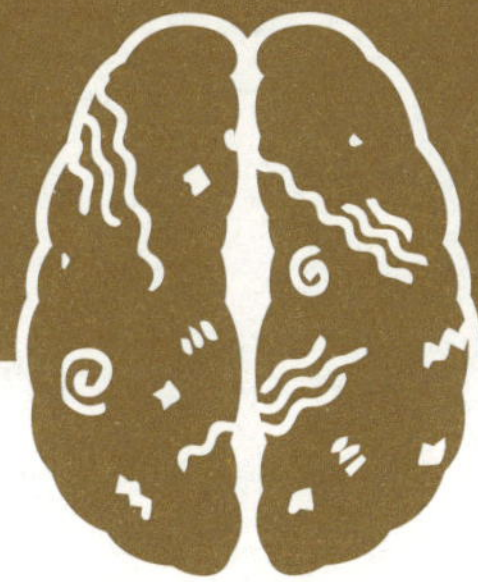

丛书主编 董振华

批判中的新构

《哲学的贫困》新读

燕连福 著

红旗出版社

图书在版编目(CIP)数据

批判中的新构：《哲学的贫困》新读 / 燕连福著.
— 北京：红旗出版社, 2022.4
(大家写小书 / 董振华主编. 马恩经典著作新读)
ISBN 978-7-5051-5286-1

Ⅰ.①批… Ⅱ.①燕… Ⅲ.①《哲学的贫困》-马克思著作研究 Ⅳ.①A811.21

中国版本图书馆CIP数据核字(2022)第021069号

书　　名　批判中的新构
《哲学的贫困》新读
著　　者　燕连福

责任编辑	丁　鋆	丛书统筹	丁　鋆
责任校对	吕丹妮　沈云才	装帧设计	戴　影
责任印务	金　硕		
出版发行	红旗出版社		
地　　址	北京市沙滩北街2号	邮政编码	100727
	杭州市体育场路178号	邮政编码	310039
编 辑 部	0571-85310806		
E-mail	rucdj@163.com	发 行 部	0571-85311330
图文排版	杭州兴邦电子印务有限公司		
印　　刷	杭州广育多莉印刷有限公司		
开　　本	889毫米×1194毫米	1/32	
字　　数	88千字	印　　张	4
版　　次	2022年4月第1版	印　　次	2022年4月第1次印刷
ISBN 978-7-5051-5286-1		定　　价	20.00元

把读马克思主义经典当作生活习惯

（丛书序）

习近平总书记在纪念马克思诞辰200周年大会上的讲话中强调："共产党人要把读马克思主义经典、悟马克思主义原理当作一种生活习惯、当作一种精神追求，用经典涵养正气、淬炼思想、升华境界、指导实践。"阅读马克思主义经典著作对于广大党员干部树立正确的世界观、人生观和价值观，从而以科学的世界观和方法论分析问题、解决问题和推动工作，具有重大的意义。

一、通过阅读马克思主义经典，感悟马克思主义经典作家的崇高价值追求，不断升华思想境界

人的自然生命总是有限的，作为自然的人，历史上的伟人不可能再对我们耳提面命，但是，他们的灵魂不朽，作为我们的精神导师，他们可以穿越时空对我们谆谆教诲。我们和伟人对话的方式，就是阅读他们撰写的经典，去感悟经典中所承载的不朽灵魂和伟大人格。马克思主义经典作家虽然已经远去，但是他们的精神和思想是不朽的，通过他们所创造的事业而生生不息，通过他们的经典著作而天长地久。正如《道德经》所言："不失其所者久，死而不亡者寿。"我们通过反复阅读马克思主义经典作家留下的经典著作，和他们心灵共鸣、灵魂

共振，接受马克思主义智慧和道义的滋养，不断升华思想境界，走向崇高，活出生命的意义和价值。

马克思主义经典作家作为人类解放的"盗火者"，为了给人类带来光明，历尽千辛万苦，仍然不屈不挠，奋斗不息，成就了伟大的人生。马克思在参加中学毕业考试的时候写下的作文《青年在选择职业时的考虑》中指出："如果我们选择了最能为人类而工作的职业，那么，重担就不能把我们压倒，因为这是为大家作出的牺牲；那时我们所享受的就不是可怜的、有限的、自私的乐趣，我们的幸福将属于千百万人，我们的事业将悄然无声地存在下去，但是它会永远发挥作用，而面对我们的骨灰，高尚的人们将洒下热泪。"[①]从马克思的这篇作文中，我们可以强烈地感受到他伟大的人格和崇高的价值追求，能够明白什么样的生命才是有意义和价值的，才能够坚定理想信念，升华精神境界。马克思的生命实践充分彰显了伟人的灵魂和精神价值，也成就了马克思光辉的人生，受到了人们的普遍敬仰和尊敬。

正如习近平总书记在纪念马克思诞辰200周年大会上的讲话中所指出的："马克思的一生，是胸怀崇高理想、为人类解放不懈奋斗的一生。""马克思一生饱尝颠沛流离的艰辛、贫病交加的煎熬，但他初心不改、矢志不渝，为人类解放的崇高理想而不懈奋斗，成就了伟大人生。"

① 《马克思恩格斯全集》第1卷，人民出版社1995年版，第459—460页。

二、通过阅读马克思主义经典，学习马克思主义经典严谨的论证逻辑，掌握科学思想方法

一个理论如果缺乏严密的逻辑论证，要么是停留于空洞无物的无病呻吟，要么是停留于盲目自大的独断空论，这是苍白无力的，是不能够让人真服、真信的。我们通过阅读马克思主义经典，可以得出这样的深切感受：他们不是高高在上向人们颁布真理，而是通过铁的逻辑一步步严谨论证，最终的结论是自然而然在字里行间得出并呈现给读者，从而能够说服人、打动人、鼓舞人，让人们真懂、真信、真用，这是逻辑的力量！

我们阅读《共产党宣言》就能够强烈感受到这种逻辑的力量。马克思、恩格斯站在历史唯物主义的客观立场，对资本主义及其繁荣的景象进行了绘声绘色的描绘，对资本主义制度的历史贡献和历史合理性进行了充分肯定。在充分肯定的基础上，却得出了彻底否定的结论。这里所运用的逻辑就是辩证法。根据辩证法的逻辑，“辩证法在对现存事物的肯定的理解中同时包含对现存事物的否定的理解”，资本主义造就了如此巨大的生产力，极大地推动了历史的发展和社会的进步，但是，这也恰恰是资本主义必然要退出历史舞台的内在原因。因此，资本主义的合理性只是历史的合理性，也就是说，这只是有一定的前提和界限的合理性，只是在人类历史进程中的某一阶段具有合理性，超过了这个阶段必然丧失合理性。为此，《共产党宣言》指出：“资产阶级用来推翻封建制度的武器，

现在却对准资产阶级自己了。”[①]“资产阶级的关系已经太狭窄了，再容纳不了它本身所造成的财富了。”[②]因此，资本主义和资产阶级应该灭亡了，也必然会灭亡，“资产阶级的灭亡和无产阶级的胜利是同样不可避免的”[③]。资本主义必然灭亡，但是，这并不意味着它会自动灭亡，“共产党人不屑于隐瞒自己的观点和意图。他们公开宣布：他们的目的只有用暴力推翻全部现存的社会制度才能达到”[④]。

由此我们可以看到，无产阶级必须通过革命手段实现人类解放的根本价值追求，这一科学结论不正是在辩证法严密逻辑的基础上经过充分论证而得出来的吗？我们阅读马克思主义经典，就要学习这样的科学思想方法，在理论宣传和群众工作中力求做到言之有理、持之有故、以理服人，才能够让人们真信、真服，从而用科学的理论和崇高的价值说服人、凝聚人。

三、通过阅读马克思主义经典，体悟马克思主义经典蕴含的强烈问题意识，善于聆听时代声音

马克思主义经典作家撰写著作，并不是为了学术上的建树和理论上的兴趣，而是为了人类解放这一根本价值主题，针对时代问题而撰写的，因此，马克思主义经典著作蕴含着深刻的问题意识。我们阅读马克思主义经典著作，就必须深入到

---

①《共产党宣言》，人民出版社2018年版，第34页。
②《共产党宣言》，人民出版社2018年版，第33页。
③《共产党宣言》，人民出版社2018年版，第40页。
④《共产党宣言》，人民出版社2018年版，第65页。

这些著作撰写时的历史语境中，用强烈的问题意识把握这些经典著作所针对的时代问题，否则就容易陷入教条主义，至多成为一个只会夸夸其谈的“理论家”。

每个时代都有属于自己的时代问题，牢牢抓住这个时代问题，用强烈的问题意识准确地把握时代问题的本质，并找到解决时代问题的价值选择和理性方法，这是马克思主义经典作家在进行经典创作时的出发点。我们在阅读马克思主义经典的时候，应当通过回到当时的时代语境，进行视界融合，体悟当时人类现实生活的生存境遇、价值诉求等层面凸显出来的矛盾与问题，去学习马克思主义经典作家对这些时代问题进行深度研究、审视与批判所运用的逻辑和方法，映照当今的时代问题，从而得到启发和方向。

各级领导干部阅读马克思主义经典著作要在思想与时代问题的互动对话中完成，就必须把握时代脉搏，强化问题意识，正确审视当代社会发展中的问题与困境。马克思主义的基本原理为我们的实践活动提供了总的指导思想、根本原则和根本方法，但是，它没有提供解决问题的现成答案，必须由我们自己在坚持马克思主义立场、观点、方法的基础上，创造性地探索和解决这些问题。

毋庸置疑，广大党员干部对于阅读马克思主义经典的重要性基本形成了一种共识，但是面对纷繁复杂的社会环境、繁杂繁重的日常工作以及浩如烟海的经典著作，党员干部如何才能亲近经典、深入经典、融入经典呢？本着“学马列要精，要管用”的原则，丛书第一辑我们选定了10本经典著作，由红旗文稿杂志社顾保国社长主编，组织国内著名高校的权威专家进行精心解读，出版之后社会反响强烈，不断收到读者反馈，要求我们继续编撰出版相关著作；丛书还入选了国家新闻出版署组织实施的2020年“优秀通俗理论读物出版工程”。这既是对我们工作的肯定和鼓励，也是对我们的鞭策和激励，更是我们理论工作者义不容辞的责任和使命。正是基于这样的考虑，我们在第一辑的基础上，秉持同样的理念又选定了10本经典著作，组织权威专家进行解读，并由红旗出版社编辑出版“大家写小书·马恩经典著作新读”第二辑，希望为马克思主义大众化作一点力所能及的贡献，不辜负大家的期望和伟大的时代。必须实事求是地指出，马克思主义经典著作内容博大精深，而我们对其的学习和领悟只能是冰山一角、高山仰止。鉴于我们的学术水平和认知能力有限，肯定存在解读不准确甚至错误的地方，敬请各位读者不吝指正！

中共中央党校（国家行政学院）
哲学教研部副主任、教授　董振华

2021年10月

目　录

前　言

《哲学的贫困》是马克思于1847年写就的一部论战性著作。在这本书中，马克思通过对蒲鲁东经济学中的“构成价值论”和哲学中“形而上学”思想的批判，初步阐释了历史唯物主义世界观和马克思主义政治经济学理论，包含了“在《资本论》中阐发的理论的萌芽”[①]，它和《共产党宣言》一道“可以作为研究《资本论》和现代其他社会主义者的著作的入门”[②]。

马克思创作《哲学的贫困》之时，欧洲正处于资本主义蓬勃发展，无产阶级和资产阶级两大阶级矛盾对立日益尖锐，工人运动兴起的时期。自17世纪英国资产阶级大革命掀起推翻腐朽封建统治，建立资本主义制度的浪潮起，世界开始进入资本主义加速发展的时代。随制度变革而来的产业革命在带来物质财富极大增长的同时，亦导致了贫富分化、阶级对立的重大社会问题，在资本主义生产方式中备受剥削压迫的工人阶级发出了改善生存环境、挽救自身命运的呼声。由于缺乏对资产阶级政权的正确认知，蒲鲁东反对暴力革命的温和改良方案一经提出就受到了工人阶级的拥护。资本主义制度是导致工人阶级贫困的根源，不粉碎蒲鲁东为资产阶级辩护的理论，革命就无法向前。因此，批判蒲鲁东的错误思想已经迫在

①②《马克思恩格斯全集》第25卷，人民出版社2001年版，第425页。

眉睫。

《哲学的贫困》以论战形式驳斥了蒲鲁东《贫困的哲学》的错误观点：

马克思对蒲鲁东经济学中的核心内容进行了批判。蒲鲁东经济学理论以“构成价值”为中心展开，认为“产品的构成价值不过是体现在产品中的劳动时间所构成的价值”，并且自夸这是一个科学的发现。马克思则将蒲鲁东重点论述的“交换价值”“构成价值”“货币”“剩余劳动”等观点，与代表着古典经济学最高成就的经济学家大卫·李嘉图的价值理论进行对比分析，在充分肯定李嘉图劳动价值论的同时，指出蒲鲁东的价值理论不是什么科学的发现，而是古典经济学中的老生常谈，蒲鲁东的经济理论不是对李嘉图价值理论的进一步发展，而是对古典经济学理论的歪曲说明，是一种倒退。因此，《哲学的贫困》第一章以《科学的发现》为题，是对蒲鲁东对其经济学理论自夸的露骨讽刺，揭露蒲鲁东的理论既不是科学，也谈不上是发现。马克思在其中所阐述的对科学的劳动价值论有决定性意义的论点，为提出剩余价值论奠定了基础。

马克思对蒲鲁东哲学的方法和体系进行了批判。马克思以历史唯物主义、辩证法和经济学体系的构思与蒲鲁东的经济学方法对照，批判了蒲鲁东哲学的方法和体系，揭露了蒲鲁东对黑格尔辩证法的浅薄理解。马克思认为，蒲鲁东把社会历史的发展变化看作是由理性不断演变而成的，现实的一切不过是理性的衍生物，是颠倒了经济范畴和现实的关系。蒲鲁东把生产关系看作静止不变的范畴，决定了他看不到不同历史时期生产关系的变化，看不到生产关系是社会关系体系的基础环节，也就不了解有什么样的生产关系就构成什么样的社会的观点。因此，蒲鲁东以历史唯心主义的方法来研究政治经济学必然不能发现政治经济学的历史本质。

《哲学的贫困》的问世标志着历史唯物主义已经开始系统形成，此书更是在清算以蒲鲁东为代表的小资产阶级社会主义思想中得到充分的运用。马克思从"现实的个人"出发，批判蒲鲁东抽象的"人类理性"；关注个人与社会的关系，批判了蒲鲁东的"经济进化的系列"；以阶级对抗为基本立场，批判蒲鲁东的"政治冷淡主义"。在政治经济学上，通过批判蒲鲁东对古典政治经济学的歪曲，科学揭示资本主义生产方式的内在运行规律。借鉴劳动价值论，批判蒲鲁东虚构的"构成价值"；孕育剩余价值论，戳穿蒲鲁东"劳动的剩余"的假象；明确政治经济学的研究对象，重视"人与人之间的关系"，为日后完成《资本论》撰写奠定坚实基础。正因在哲学和政治经济学上的深入研究，马克思开始孕育科学社会主义思想，揭示工人运动及无产阶级结成同盟的必要性，阐释无产阶级进行革命运动的必然性，指明无产阶级革命所争取的最终目标，清算了小资产阶级思想对工人运动的影响。

Reading & Interpretation
大家写小书·马恩经典著作新读

第一章

《哲学的贫困》的写作背景

《哲学的贫困》是马克思于1847年为反对蒲鲁东《贫困的哲学》一书而写就的论战性著作，也是马克思主义发展史上的一个重要思想坐标。在这本书中，马克思通过对蒲鲁东经济学中的“构成价值论”和哲学中“形而上学”思想的批驳，初步阐释了历史唯物主义世界观和马克思主义政治经济学理论，包含了“在《资本论》中阐发的理论的萌芽”①，它和《共产党宣言》一道“可以作为研究《资本论》和现代其他社会主义者的著作的入门”②。《哲学的贫困》的诞生有其深刻的经济基础、阶级条件、现实要求和理论支撑。

一、资本主义的发展加剧了对工人阶级的压迫

19世纪中叶，是西欧各国资本主义日益扩张、蓬勃发展的时期。相继而起的资产阶级革命推翻了腐朽落后的封建统治，奠定了资产阶级在经济、政治上的统治地位，自此，资本主义的发展展现出了其不可阻挡的迅猛势头。资本主义追求利润的本质对提高生产效率提出了更高的要求，在现实的强烈需求下，生产技术发生了日新月异的变革，支撑着工业革命对资本主义发展的进一步催化。然而，资本主义在带来物质财富极大充足的同时，也暴露了其生产方式的内在矛盾和剥削压迫的本来面目，资产阶级与无产阶级之间的矛盾一触即发。

（一）资本主义生产方式的形成与确立

资本主义生产方式的产生是商业资本不断发展的必然结果。早在9至10世纪，英国、法国、意大利等国家就出现了随

①②《马克思恩格斯全集》第25卷，人民出版社2001年版，第425页。

着商品生产与交换的复苏而逐渐兴起的以商业为中心的城市，并在生产力发展的快速推动下催生了现代资本主义的萌芽和从市民阶级中分化而来的早期资产阶级。14至15世纪，资本主义的生产关系首先在意大利产生。在文艺复兴这一资产阶级思想解放运动中，人文主义核心思潮的广泛传播使得人的价值与力量开始得到彰显，人性开始从欧洲封建神学世界观的束缚中解放出来。以人为中心的理念肯定了人的价值与尊严，让个体追求个性解放和幸福生活成为可能，充分反映了新兴资产阶级渴望摆脱精神控制的文化诉求。17至18世纪，西欧各国出现了向资本主义过渡的鲜明趋势。从1688年的英国资产阶级大革命时起，各国纷纷通过暴力革命推翻封建统治，以立法形式确立起资本主义的政治、经济制度，用以巩固资产阶级的统治地位，世界开始进入资产阶级革命和资本主义快速发展的历史时期。

知识链接

★ 文艺复兴 ★

文艺复兴（Renaissance）是指14世纪中叶至16世纪发生在欧洲的一场反映新兴资产阶级要求的思想文化运动，其实质是新兴资产阶级在复兴希腊罗马古典文化的名义下发起的弘扬资产阶级思想文化的思想解放运动。文艺复兴的核心是人文主义精神，提出以人为中心而不是以神为中心，肯定人的价值和尊严。主张人生的目的是追求现实生活中的幸福，倡导个性解放，反对愚昧迷信的神学思想。文艺复兴最先在意大利各城邦兴起，之后扩展到西欧各国，于16世纪达到顶峰，由此带来一段科学与艺术革命时期，揭开了近代欧洲历史的序幕。随着经济的复苏和生产力的发展,人们逐渐改变了以往对现实生活的悲观绝望态度,开始追求世俗人生的乐趣。在14世纪城市经济繁荣的意大利,最先出现了对天主教文化的反抗。当时意大利的市民和世俗知识分子,虽然极度厌恶天主教的神权地位及其虚伪的禁欲主义,但是由于没有成熟的文化体系取代天主教文化,只能借助复兴古代希腊、罗马文化的形式来表达自己的文化主张。因此,文艺复兴并非单纯的古典复兴,实际上是资产阶级反封建的新文化运动。

（二）工业革命奠定了资产阶级的优势地位

18世纪,从英国开始并逐渐蔓延至整个欧洲的工业革命开创了以机器代替手工工具的时代,西欧各主要资本主义国家相继开始了产业革命。随着工场手工业的生产无法满足市场的需要,机器大工业代替了工场手工业,资本主义的生产方式建立起自己的物质技术基础。资本主义经济正是凭借机器生产的优越条件战胜了封建制经济和小商品经济,确立了自己在全世界的统治地位。在进步的生产科技的支持下,生产力以超乎人们想象的速度发展着,推动了整个社会形态快速而激烈的演变。工业革命不仅是一次技术改革,更是一场深刻的社会变革,以工业与城市为主体的经济体制取代了以农业和乡村为主体的经济体制,更形成了资产阶级的主导地位,他们作为工业革命的获利者,成为改变世界的生力军。

（三）工业革命带来了深刻的社会变革

工业革命创造的巨大生产力使社会面貌发生了翻天覆地的变化。第一,工业革命开启了科技应用的新进程,机器生产取代了手工劳动、工业工厂代替了手工工场，社会生产力飞跃发展，为资本主义战胜封建主义提供了坚实的物质保障。第二，工业革命引起社会结构的重大变革，社会鲜明地分裂为两大对立阶级——资产阶级和无产阶级，并使阶级斗争和阶级矛盾在资本主义的深入发展中日益尖锐，为日后工人运动的兴起埋下伏笔。第三，工业革命推动世界市场的初步形成，世界在资本的全球化生产要求中联结为一个整体。资本主义确立了对世界的统治，各老牌资本主义国家在世界体系中占据了有利的主导地位，形成了不平衡的国际政治经济秩序。第四，工业革命拉开了城市化、现代化的序幕，促进了人民生活方式和思想观念的迭代更新，却也造成了贫富分化、矛盾加剧等的社会问题，为马克思主义科学理论的形成发展提供了生动的现实依据。

（四）资本主义加紧对工人的无情压迫

爆发于17至18世纪的资产阶级大革命摧毁了统治欧洲千余年的封建王朝，推翻了腐朽的封建制度，为资本主义的发展扫清了道路。产业革命从纺织业开始，迅速波及其他生产部门。然而，随着资本的不断积累，生产资料和劳动产品进一步集中在少数大资本家手中，生产资料私有制逐渐变成了资本家暴力掠夺工人劳动力的工具，越来越多的工人、手工业者、小资产者逐步沦为出卖自己劳动力的无产者。即使是在革命中浴血奋斗的工人阶级，其生活状况和政治地位也并没有得到改善。为了维护自身的政治权益和经济利益，在革命中增强了阶级意识的工人阶级多次举行起义运动。起义运动最后虽因当局的血腥镇压而以失败告终，但这彰显了工人阶级的进步成长，标志着无产阶级反对资产阶级的历史已经开始，无产阶级已经作为独立的政治力量走上历史舞台，并且将由一个自在阶级转化为一个自为阶级。当时的工人运动虽然缺乏科学理论的指导和先进政党的引领，但他们仍在斗争中独立地提出本阶级的要求和主张，通过成立工人委员会、“互助社”组织、进行民主选举等方式实现工人群体的联合。由此可见，在资本主义大工业的排挤和打击下，无产阶级由于陷入了一个生计艰难、朝不保夕的境地，迫切希望找到一条能够挽救自身命运的出路。

二、工人运动失败呼唤科学理论的指引

资本主义自诞生之时起就内含着自身发展的基本矛盾并通过周期性的经济危机表现出来。资本主义越发展，就有越多的农民、小资产者、手工业者沦为靠出卖自己劳动力而生存的无产者，脆弱的无产者在资本主义的剥削和周期性经济危机的侵袭下从未摆脱其窘困的生活境遇，也由此催生出无产者将矛头对准资本主义制度，维护自身合法权益的斗争运动。虽然这些运动因缺乏科学理论指引而屡屡宣告失败，但却促进无产阶级由自在阶级转变为一个自为阶级，为马克思充分认识阶级社会的产生和发展奠定了阶级基础。

（一）社会两大阶级的矛盾日益凸显

随着工业革命而蓬勃兴起的机器大工业虽然创造了物质财富的极大繁荣，却也引发了无产阶级和资产阶级在利益上的深刻矛盾对立。机器大工业在提高劳动生产率、剥削剩余价值、扩大资本积累方面无疑具有促进作用，同时机器生产对

劳动过程的简化造成了工人可替代性的增强，意味着其遭受剥削的程度也在日益加深。在社会生产力迅速发展的同时，资本主义内在的基本矛盾——生产社会化与资本主义生产资料私有制之间的矛盾逐渐暴露出来。

在工业革命中，新的工业“把居民的一切差别化为工人和资本家的对立”[①]。社会财富的绝大多数集中到了资本家的手中，资产阶级开始享有广泛的政治权利和较高的社会地位，而与此形成鲜明对比的却是广大无产阶级虽出卖了劳动却依旧饱受失业与贫困威胁的残酷现实，社会贫富差距在资本的不断增殖中逐渐扩大，社会两极分化严重。最终，因生产无限扩大与劳动人民购买力相对缩小的矛盾而形成的生产过剩导致了资本主义世界经济危机的爆发。自1825年第一次经济危机在英国爆发以来，资本主义世界从未摆脱过经济危机的侵袭，由此带来的生产下降、失业激增和资产阶级为转嫁危机所采取的压迫手段更是加剧了广大劳动者贫困生活的悲惨境遇，在无产阶级与资产阶级矛盾的日益尖锐中斗争一触即发。

（二）无产阶级的抗争和工人运动的开展

19世纪三四十年代，欧洲各主要资本主义国家的经济力量都得到了长足发展，资产阶级在“用他们的财产和他们掌握的国家政权所能提供的一切力量来维护自己的利益”[②]。可以说，资本主义的这种快速发展，正是建立在对工人阶级的无情压榨和粗暴掠夺基础上的，无产阶级无时无刻不处在政治上无权、经济上受剥削的艰难处境中。经济危机爆发、阶级矛盾

① 《马克思恩格斯选集》第1卷，人民出版社2012年版，第101页。

② 《马克思恩格斯选集》第1卷，人民出版社2012年版，第104页。

激化在带给无产阶级深重苦难的同时也激起了无产阶级对于自身命运走向的思考和维护合法权益的斗争。对此恩格斯感叹,“在目前情况下,工人只有仇恨和反抗资产阶级,才能拯救自己的人的尊严”[①]。为改善自身的生活处境,工人阶级多次举行起义运动,其中最具标志性的即法国里昂纺织工人起义、英国宪章运动、德国西里西亚纺织工人起义,这意味着无产阶级在进行经济斗争的同时也开始尝试提出自己的政治诉求,无产阶级已经开始作为独立的政治力量登上历史舞台。

(三)工人运动亟需科学的行动指南

早期工人阶级对资产阶级剥削压迫的反抗还只停留在“用暴力来反对使用机器”,如捣毁工厂、砸碎机器等的简单经济斗争上。这些反抗“是零散的”,“局限于一定的地区,并且仅仅针对现存关系的一个方面。只要工人达到了眼前的目的,社会权力就以全部力量袭击这些再度变得手无寸铁的犯罪者,随心所欲地惩罚他们,而机器还是被采用了”。[②]工人阶级这种无组织的自发盲目手段并不具备明确的社会目的,以至于让社会能够以“巨大的优势压倒他”。即使是欧洲三大工人运动爆发,工人阶级已经意识到其自身作为一个阶级的存在,把矛头指向资本主义剥削制度并开展具有鲜明政治斗争性质的起义罢工以期改变政治上的无权地位,但由于缺乏消灭整个资本主义制度的纲领主张和思想指南,工人阶级并没有充分地组织起来,工人运动所起的作用,只不过是客观上对

---

①《马克思恩格斯选集》第1卷,人民出版社2012年版,第104页。

②《马克思恩格斯选集》第1卷,人民出版社2012年版,第106页。

资产阶级革命和改革的一种促进与推动。此时,工人阶级还没有完全认清资产阶级政权的实质,不懂得只有从资产阶级手中夺取政权,才能实现对社会的改造。工人运动以失败而收场的实践证明,“没有革命的理论,就不会有革命的运动”[①]。独立的工人运动需要科学理论的指导。

三、现实呼唤清除蒲鲁东主义在工人阶级中的消极影响

在资本主义蓬勃发展之时,西欧各国的社会主义思潮亦是风起云涌,其中颇具代表性的人物就是小资产阶级社会主义者蒲鲁东。蒲鲁东始终秉持着反对暴力革命、提倡温和改良的思想观念。凭借着自身在工人阶级和小资产阶级中的巨大影响力,蒲鲁东以虚妄的空论迎合处于迷茫之中的工人阶级,削弱工人阶级的革命斗志和热情,阻碍革命政党的建立和科学理论的传播,不对蒲鲁东及其思想进行发人深省的批驳,就无法推动无产阶级革命继续向前。

(一)蒲鲁东及其思想在工人群体中的广泛影响

工人阶级的成长成熟和工人运动开始与社会主义思想结合给了蒲鲁东宣扬其思想的绝佳历史机遇,他所主张的阶级合作、温和的经济改良方案在小资产阶级中间广受赞誉。“20年以来,除了蒲鲁东的著作以外,罗曼语地区的工人就没有过任何别的精神食粮。”[②]这使得蒲鲁东一跃成为继路易·勃朗之后,工人领袖中颇有政治影响的人物。马克思和恩格斯成立的共产主义通讯委员会旨在从思想上和组织上团结各国的社

---

①《列宁选集》第1卷,人民出版社1995年版,第311页。

②《马克思恩格斯选集》第3卷,人民出版社2012年版,第181页。

会主义者和先进工人，他们在法国所寻觅的人选正是蒲鲁东。这说明蒲鲁东在当时被马克思、恩格斯视为法国最大的社会主义者。

（二）蒲鲁东反对暴力革命、提倡温和改良的思想主张

由于蒲鲁东的工人出身，相比于其他思想家，蒲鲁东的理论似乎更容易与工人阶级立场相一致，也就更容易被工人阶级所信任。蒲鲁东一直坚持自己一贯的观点，即在社会改造的途径上反对使用暴力手段。他认为暴力革命不是解决社会问题的最佳方式，相对于革命用动荡和血腥带来的进步，蒲鲁东更倾向于社会在稳定中的改良。《贫困的哲学》出版前，在与马克思的唯一一封通信中，蒲鲁东更是直接表达了他对革命的观点："您可能仍然抱着一种看法，认为如果没有出其不意的攻击，如果没有早先被称作革命而实际简直是乱动的那种东西，就任何改革都不可能实现。我理解这个看法，我能替它找到辩护的理由，我愿意以后对这个题目加以讨论，我自己也在很长时期里同意过这个看法；但是，老实说，由于最近研究的结果，在这一点上我的意见完全改变了。我认为，为了取得胜利根本不需要这样，因此我们也就用不着提出革命的行动作为社会改革的手段，因为，这个轰动一时的手段并不是别的，而是诉诸强力、诉诸横暴。我对问题的提法是这样：通过经济的组合把原先由于另一种经济组合而逸出社会的那些财富归还给社会。换句话说，在政治经济学中使财产的理论转过来反对财产，以便产生您们——德国社会主义者们称之为共产主义而我在目下只称之为自由、平等的那种东西。我想，我懂得在短时期内解决这一问题的办法。据我看来，用文火

把私产烧掉总比对它施加新的力量实行大屠杀要好些。”[①]蒲鲁东清楚地表达了自己同马克思、恩格斯在关于无产阶级解放道路方面的深刻分歧，他反对用暴力革命的手段而要采取经济手段改造社会的观点，其实质是用一种远离了政治的经济改革对社会进行温和的改良。由于蒲鲁东主义的广泛传播引发了工人阶级的思想混乱，全面批判蒲鲁东主义已经迫在眉睫。

（三）蒲鲁东主义的弊端

罗莎·卢森堡曾评价："蒲鲁东最重要、最直接的影响并不在于他那套商品交换和货币的错误理论之幽微处，而在于他将劳工运动的注意力从夺取国家政权的斗争，导向纯粹的经济补救。”[②]蒲鲁东主义对工人运动最大的危害就在于他希望用温和的方式来改良资本主义私有制。马克思指出，“为了给力求阐明社会生产的真实历史发展的、批判的、唯物主义的社会主义扫清道路，必须断然同唯心主义的政治经济学决裂，这个唯心主义政治经济学的最新的体现者，就是自己并没有意识到这一点的蒲鲁东”[③]。他以貌似社会主义的形象来全面批判资产阶级社会生产方式，这使得他的理论一经提出便产生了巨大的吸引力。不粉碎蒲鲁东主义，革命就无法向前发展。蒲鲁东的学说已经成为马克思主义科学理论向工人阶级传播的严重阻碍，为了清除蒲鲁东主义的影响，让工人们相信暴力革

① [苏]卢森贝：《政治经济学史》第3卷，生活·读书·新知三联书店1960年版，第218—219页。

② [德]罗莎·卢森堡：《狱中书简》，傅惟慈等译，花城出版社2007年版，第256页。

③《马克思恩格斯全集》第19卷，人民出版社1963年版，第248页。

命的必要性，马克思和恩格斯始终没有放弃对蒲鲁东的批判。

知识链接 ……………………………………………………

★ 蒲鲁东主义 ★

19世纪40年代产生于法国，50至60年代广泛流行于西欧国家并颇具影响的小资产阶级社会主义和无政府主义思潮。蒲鲁东在他的《什么是所有权》《贫困的哲学》《社会问题的解决》《一个革命者的自白》和《19世纪革命的总观点》等著作中全面系统地阐述了他的小资产阶级社会主义和无政府主义观点，认为共产主义和资本主义都有弊病，都不合乎理性，以“个人占有”为基础的“互助制”社会是最好的社会模式；主张建立以无息贷款为基础的“人民银行”作为改造资本主义制度、实现“互助制”社会的根本途径；宣扬阶级调和与和平革命，反对暴力革命和无产阶级专政；鼓吹个人绝对自由，反对任何国家和政府，反对一切权威。在反对任何形式的“政府”的同时，蒲鲁东还主张建立一种契约制度代替政府。蒲鲁东主义的核心，是幻想通过和平改良的办法，建立小手工业生产制，实现小资产阶级的社会主义。巴黎公社后，蒲鲁东主义在国际工人运动中的影响基本消失。

四、马克思对蒲鲁东主义批判的逐步深化

在《哲学的贫困》发表之前，马克思对蒲鲁东的思想评价经历了一个由初步接触到有保留的肯定再到否定批判的变化发展过程，这与马克思唯物史观思想的不断成熟有着密切关系。

（一）对蒲鲁东主义的初步接触

在《莱茵报》时期，马克思开始接触蒲鲁东的思想。在反击奥格斯堡《总汇报》恶意攻击《莱茵报》的文章时，马克思提出："对于像勒鲁、孔西得朗的著作，特别是对于蒲鲁东的机智的著作，决不能根据肤浅的、片刻的想象去批判，只有在长期持续的、深入的研究之后才能加以批判。"[①]此时的马克思由于对物质利益问题和现实的社会生活十分关注而与蒲鲁东存在着共同之处，因此也对蒲鲁东给予了一定程度的肯定。

在《什么是所有权》一书中，蒲鲁东将劳动者的普遍贫困归因于所有权，认为人类在权利方面是生而平等的，人人都有权享有自己的劳动产品，然而地主和资本家却以各种形式扣留了劳动者的部分产品，这不仅侵犯了他们的物质利益，也是对他们平等权利的侵犯，是一种盗窃行为。为此，蒲鲁东提出"所有权就是盗窃"的观点。虽然蒲鲁东对资产阶级的财产所有权加以批判却对小资产阶级的所有权极力维护，但至少他看到了资本主义社会中劳动者的利益被侵犯的问题。这对于为"物质利益的难事"所困扰的马克思而言，具有相当的吸引力。但在对"物质利益"问题的解决方法上，无论蒲鲁东是以正义和平等为先验的标准来批判资产阶级所有权，还是马克思以理性的原则为标准来衡量普鲁士政府的法律，都没有提出有实质性意义的方式。

在《莱茵报》被查封后，马克思又计划与卢格一起创办新

① 《马克思恩格斯全集》第1卷，人民出版社1956年版，第295页。

杂志《德法年鉴》。在这期间，马克思希望可以说服蒲鲁东走到共产主义者的阵营中来，帮助其彻底摆脱其自身的小资产阶级局限性。为了解决自由理性的价值理念与反自由理性的现实世界之间产生的巨大矛盾冲突，马克思开始写作《黑格尔法哲学批判》，为的是通过批判黑格尔法哲学来探讨政治国家的异化及其扬弃问题。手稿中最重要的部分是关于黑格尔国家和市民关系的批判。马克思认为，“实际上，家庭和市民社会是国家的前提，它们才是真正的活动者；而思辨的思维却把这一切头足倒置”[①]。这一批判的重要成果是马克思认识到市民社会决定着政治国家，只有对市民社会进行批判，才能真正地扬弃异化，实现现实的变革。

这一时期，马克思对蒲鲁东及他的思想观点持肯定的态度，与马克思自己的思想发展阶段有着直接的关系。马克思此时刚开始从关注抽象法权问题转向关注现实问题，还没有进行对资产阶级政治经济学的深入研究。而在研究政治经济学之前，马克思对蒲鲁东的经济学是无法进行真正的批判的。

（二）对蒲鲁东主义的有保留的赞扬

1843年，创刊不到一年的《德法年鉴》停刊之后，马克思开始了对古典政治经济学发展的系统研究，从布阿吉尔贝尔、奎奈到斯密和李嘉图再到萨伊和穆勒等人，马克思最终形成了在该领域的两部著作《1844年经济学哲学手稿》《神圣家族》。

在《1844年经济学哲学手稿》中，马克思吸收了费尔巴哈实证的人道主义和自然主义的批判方式，从共产主义的立场

---

①《马克思恩格斯全集》第1卷，人民出版社1956年版，第250—251页。

出发运用费尔巴哈的观点对资产阶级政治经济学和黑格尔唯心主义进行了批判，也对蒲鲁东的小资产阶级政治经济学和社会主义思想进行了评价和批判。书中“异化劳动”理论的提出，是马克思在政治经济学领域中寻求解开“苦恼的疑问”的方法的第一个理论成果。将私有制的本质和起源归结为“异化劳动”，把社会从私有制下的解放归结为劳动从“异化劳动”下的解放，由此强调共产主义革命不仅包括废除旧的财产关系，而且包括人的活动方式的根本改变。尽管“异化劳动”理论仍旧深受费尔巴哈人本主义的影响，对资本主义经济的批判还只能是实证性的批判，但是这一理论对于唯物史观的创立有着十分重要的意义。

在《神圣家族》中马克思反驳了鲍威尔兄弟对蒲鲁东思想的曲解，但也指出了蒲鲁东理论中存在的问题：首先，由于蒲鲁东对私有制的认识不够深入，因此选择运用私有制的产物“平等”和各种经济范畴来建构新的社会形式；其次，马克思指出蒲鲁东用“个人占有”来代替所有权，这实际上并没有改变资本主义社会的本质，社会的基础仍是商品和资本，交换仍是支配社会的主旋律。马克思清醒地意识到，商品生产建立在私人占有生产资料的社会基础上，用“私人占有”来代替私有财产，无法扬弃劳动的异化。因此，交换价值仍然是社会的调节者。

总的来说，尽管在《1844年经济学哲学手稿》到《神圣家族》这段时期内马克思对蒲鲁东还是持肯定态度，但与《莱茵报》和《德法年鉴》时期相比发生了一些微妙的变化。细看马克思的思想转变历程，在唯物史观创立之前，马克思的理论主线一直都是人本主义。如果说在蒲鲁东的理论世界中，一直都把人的本质归结为正义、平等的话，那么对于马克思而言，就是把人的本质归结为自由自觉的劳动。因而，即便马克思已经充分认识到了蒲鲁东思想的狭隘性，对蒲鲁东的批判也不是有力的。

（三）对蒲鲁东主义的否定批判

迁居布鲁塞尔后，为清算“过去的哲学信仰”，马克思与恩格斯合著了《德意志意识形态》。书中，马克思和恩格斯总结性地清算了费尔巴哈直观的唯物主义和黑格尔派的唯心主义，首次系统论述了唯物史观的基本原理。

在马克思《德意志意识形态》完成的同时，蒲鲁东也完成了《贫困的哲学》的写作。从这两本著作的内容对比来看，两人无论是在社会的前提和存在方式，还是在历史演进过程等方面都存在着巨大差异。马克思认为，社会前提以现实个人和物质生活为基础，不同形态之间存在着历史演进的动力更替，论证了共产主义的必然性和社会变革的问题，叙述了社会历史向世界历史转变的过程和环节。而在蒲鲁东看来，社会历史是一个确定上帝观念的过程，观念是推动社会历史演进的根本动力，研究创立哲学，在此基础上就可完成社会变革。这两种截然不同的历史观，昭示着马克思与蒲鲁东在思想上的决裂。

1846年，马克思和恩格斯建立了“共产主义通讯委员会”以期从思想上和组织上团结各国的社会主义者和先进工人，为建立一个国际无产阶级政党作准备。他们写信邀请蒲鲁东担任巴黎支部的通讯员。然而，蒲鲁东不仅回信拒绝了这一邀请，还认为思想上团结工人的实质就是迫使他们信奉共产主义，指责这种做法是有害的，仍旧保持着其抵触暴力革命以及改良私有制的观点。这封回信进一步暴露出蒲鲁东的小资产阶级社会主义者的局限性，并使马克思意识到同蒲鲁东进行理论论战，批判《贫困的哲学》，进而纠正其思想在工人运动中的消极影响已刻不容缓。马克思批判蒲鲁东的结果，就是1847年以法文写就的《哲学的贫困》的出版。

知识链接

★ 共产主义通讯委员会 ★

共产主义通讯委员会是1846年初马克思、恩格斯在比利时的布鲁塞尔创立的共产主义组织，其目的是同各国社会主义者和先进工人建立广泛联系，克服工人运动中的各种错误理论和涣散状态，传播科学社会主义，团结教育革命分子，从思想上、组织上为建立无产阶级革命政党打下基础。委员会通过通讯和讨论传播科学共产主义理论，同当时阻碍工人运动发展的错误思潮进行斗争，曾以《通告》形式对"真正的社会主义者"赫尔曼·克利盖进行批判，对威廉·魏特林耐心争取帮助并对他的错误观点严肃批评，对蒲鲁东主义展开初步论战和批判，等等。通讯委员会的活动促进了科学共产主义同工人运动的结合，对改造正义者同盟起了推动作用。1847年共产主义者同盟成立后，通讯委员会的活动即告停止。

延伸阅读

1. 马克思、恩格斯：《共产党宣言》，人民出版社2018年版。
2. 马克思：《1844年经济学哲学手稿》，人民出版社2018年版。

3. 马克思、恩格斯:《德意志意识形态》(节选本),人民出版社2018年版。

深度思考

1. 蒲鲁东主义对工人运动和无产阶级革命的开展有何不利影响?

2. 马克思以什么理论为基础对蒲鲁东主义进行批判?

3. 马克思对蒲鲁东主义的批判对无产阶级解放事业有何重要意义?

Reading & Interpretation
大家写小书·马恩经典著作新读

第二章

《哲学的贫困》的主要内容

《哲学的贫困》是部论战性著作，以蒲鲁东《贫困的哲学》为线索展开。《哲学的贫困》第一章“科学的发现”针对《贫困的哲学》第二章“论价值”，马克思在集中批判蒲鲁东构成价值论的同时，阐述了对劳动价值论有决定性意义的论点。此时，马克思虽然没有完整地提出剩余价值论，但马克思已经找到了剩余价值的来源，说明剩余价值论的提出已经有了充分的基础。

《哲学的贫困》第二章第一节“方法”，马克思从七个方面对蒲鲁东政治经济学方法作了总体批判，揭示了蒲鲁东经济学的形而上学性；第二节至第五节，马克思按照《贫困的哲学》第三章到第十四章论述的“经济进化的系列”问题，分四节对蒲鲁东政治经济学方法和理论作了多方面的批判。

《哲学的贫困》第二章第二到第五节依据《贫困的哲学》第三章到第十四章的内容，马克思从四个方面分别对蒲鲁东政治经济学的方法作了进一步批判，也使马克思政治经济学方法论及其有决定意义的论点得到广泛阐释。

一、批判蒲鲁东“使用价值和交换价值的对立”的观点

（一）批判蒲鲁东关于“使用价值转化为交换价值的过程”的观点

1. 蒲鲁东认为，使用价值变为交换价值是一个生产者向另一个生产者“建议”的结果

在蒲鲁东看来，“由于我所需要的许多东西在自然界里为数有限或者根本没有，因此我不得不去协助生产我所缺少的东西，可是，由于我不能单独生产这么多的东西，所以我就会向别人，即向各行各业中我的合作者建议，把他们所生产的一

部分产品同我所生产的产品交换”[①]。

按照蒲鲁东的逻辑，人的需要和自然界满足人的需要之间存在着矛盾，即自然界不能完全满足人的多样性需求，这就需要通过社会生产来满足人的多样性需求，但单独的个人的生产能力有限，而社会上有很多的生产者，这样只要向各行各业中的人“建议”将其生产的产品同我所生产的产品进行交换即可，这就是交换的起源，也就是蒲鲁东所认为的“使用价值转化为交换价值的过程”。

2. 马克思批判了蒲鲁东在交换起源问题上的非历史性观点

马克思认为，交换价值的存在以交换和分工为前提，是一个历史性概念，鲁滨逊式的、与社会隔绝的孤独状态下就不会有交换和交换价值。蒲鲁东并没有细究“交换”和“分工”的始末，而是将交换归结为一个生产者向另一个生产者“建议”的结果，在假定人的多样性需求时就内含有全盘的分工，在论述交换价值的起源时就假定有交换价值的存在。

当需要从历史上说明某种“经济观念的产生时”，蒲鲁东就通过“假定”和“建议”的方式来解决，马克思认为蒲鲁东的“交换价值”是非历史的，并讽刺性地将这种方法称为蒲鲁东的“历史的叙述的方法”。

3. 马克思将交换的历史划分为三个阶段，系统阐释了交换价值起源的历史性

在马克思看来，“交换有它自己的历史。它经过各个不同

①《马克思恩格斯全集》第4卷，人民出版社1958年版，第77页。

的阶段”[1]，并详细阐释了交换的三个不同阶段：

第一阶段，在中世纪，交换的只是剩余品，即生产超过消费的过剩品；

第二阶段或称二次方的交换价值，即当资本主义出现后，不仅剩余品，而且一切产品，整个工业活动都处在商业范围内，一切生产完全取决于交换；

第三阶段或称三次方的交换价值，即当资本主义征服一切并取得统治地位之后，人们一向认为不能出让的一切东西，如德行、爱情、信仰、知识和良知等都成了交换和买卖的对象，这是一个普遍贿赂、普遍买卖的时期，或者用政治经济学的术语来说，是一切精神的或物质的东西都变成具有交换价值，并到市场上去寻找最符合它的真正价值的评价的时期。

（二）批判蒲鲁东关于“使用价值和交换价值的关系”的观点

1. 批判蒲鲁东自以为发现了交换价值和使用价值之间的对立的观点

蒲鲁东认为，经济学家们清楚地阐明了价值的二重性，但没有明确地阐明使用价值和交换价值之间的对立或矛盾。

马克思引用西斯蒙第、罗德戴尔和李嘉图的论述，说明在蒲鲁东以前的经济学家们“已经看出”使用价值和交换价值之间对立和矛盾的深奥秘密，对这一矛盾的理解在“李嘉图时代非常流行”。

①《马克思恩格斯全集》第4卷，人民出版社1958年版，第79页。

2. 批判蒲鲁东把使用价值和众多、交换价值和稀少混为一谈的观点

蒲鲁东把使用价值和众多、交换价值和稀少画等号，完全撇开需求不谈，得出“毫无用处但是极端稀少的东西价格就不可估量”的观点。

马克思认为，“产品的交换价值取决于产品的多少，不过这总是对需求而言”[①]，“任何东西只有在对它有需求的条件下，才能说得上多或少”[②]，即不能离开需求空谈交换价值。需求不变的情况下，产品的交换价值会随着供给增长而下降，会随着供给减少而增长，两者之间互为反比。但是，没有需求，即使是独一无二的产品也是多余的；产品众多，但仍然不能满足需要也是稀少的。所以，不能离开需要，臆造“极端的结论”。

3. 批判蒲鲁东把交换价值和使用价值的矛盾归于“个人自由专断”的观点

蒲鲁东认为，使用价值和交换价值的矛盾是由于个人自由专断而造成的。蒲鲁东将使用价值和交换价值的矛盾归结为效用和意见之间的矛盾，而效用和意见这两种对立力量之间的调和在“决定的自由”，即生产者自由决定使用多少生产资料和生产费用为多少与购买者愿意出多少价格之间的矛盾。

蒲鲁东把交换价值和使用价值的矛盾归结为抽象的“个人自由意志”，马克思认为生产者和消费者并不是“自由的”，使用价值和交换价值的矛盾源于供给者和需求者之间的矛盾，并以生产费用为基础。

---

①②《马克思恩格斯全集》第4卷，人民出版社1958年版，第82页。

马克思认为，蒲鲁东的观点是荒谬绝伦的。蒲鲁东在阐释使用价值和交换价值的矛盾时去掉了生产费用和竞争，用抽象的和矛盾的概念，如稀少和众多、效用和意见、一个生产者和一个消费者来代替使用价值和交换价值、供给和需求，用两个“自由意志的骑士”之间的斗争来代替使用价值和交换价值之间的矛盾，是荒谬绝伦的。

4. 马克思阐明了使用价值和交换价值矛盾的根源

马克思认为，使用价值和交换价值的矛盾发生在出卖者所要求的交换价值和购买者所提出的交换价值之间，且生产者和消费者并不是自由的。

产品的交换价值是出卖者所要求的交换价值和购买者所提出的交换价值这些相互矛盾的估价的合力。在供给和需求中，一方面是花费过交换价值的产品和生产者出卖产品的需求，另一方面是花费过交换价值的资金和消费者购买产品的愿望。这是因为，生产者在生产产品时需要和原料、工人的工资等一切生产费用进行交换，只有卖出产品才能进行再生产。消费者在购买生产时需要资金，掌握交换手段，而购买产品所需要的资金也只能通过交换得来。所以，生产者和消费者并不像蒲鲁东所说的，能够“自由决定”生产和消费。

事实上，生产者并不自由。生产者生产的目的在于交换，“生产者只要是在以分工和交换为基础的社会里进行生产，他就不得不出卖”[①]。生产者的生产能力受生产力发展水平的限制，“在现代的生产条件下，他并不是想生产多少就生产多少；

①《马克思恩格斯全集》第4卷，人民出版社1958年版，第86页。

现在生产力发展的水平责成他在一定的限度内进行生产”[①]。

消费者也并不自由。消费者的购买力受他的资金和需要的限制，而最终由他的社会地位和整个社会组织决定。“消费者并不比生产者自由。他的意见是以他的资金和他的需要为基础的。这两者都由他的社会地位来决定，而社会地位却又取决于整个社会组织。”[②]

二、批判蒲鲁东“构成价值或综合价值”观点

（一）批判蒲鲁东的“构成价值”观点

1. 批判蒲鲁东“构成价值”的谬误

在蒲鲁东看来，生产费用就是构成价值或者综合价值，而生产费用由生产这种产品的劳动时间来确定。所以，“产品的构成价值不过是体现在产品中的劳动时间所构成的价值”[③]。但早在1817年李嘉图就提出“商品的相对价值完全取决于生产商品所需要的劳动量”[④]，并在此基础上建立了自己的经济学体系。

马克思认为，“用劳动时间来确定价值，即蒲鲁东先生当做将来再生公式向我们推崇的那个公式，也无非是现代社会经济关系的科学表现，而这早在蒲鲁东先生以前李嘉图就明确地论证过”[⑤]。所以，蒲鲁东自以为发现的“构成价值论”无非是在玩弄词句，是对李嘉图价值理论，即“劳动时间确定价

①②《马克思恩格斯全集》第4卷，人民出版社1958年版，第86页。
③《马克思恩格斯全集》第4卷，人民出版社1958年版，第88页。
④《马克思恩格斯全集》第4卷，人民出版社1958年版，第89页。
⑤《马克思恩格斯全集》第4卷，人民出版社1958年版，第110页。

值这是交换价值的规律”的一种歪曲的说明。

2. 对比蒲鲁东的构成价值论和李嘉图的价值论

马克思从五个方面对比了蒲鲁东的构成价值论和李嘉图的劳动论，批判蒲鲁东的构成价值论只不过是对李嘉图劳动论的歪曲说明：

第一，李嘉图给我们指出资产阶级生产的实际运动，即构成价值的运动。蒲鲁东先生却撇开这个实际运动不谈，而煞费苦心地去发明按照所谓的新公式来建立世界的新方法。

第二，李嘉图把现社会当作出发点，给我们指出这个社会怎样构成价值；蒲鲁东却把构成价值当作出发点，用它来构成一个新的社会。

第三，在李嘉图看来，劳动时间确定价值是交换价值的规律，而蒲鲁东先生却认为这是使用价值和交换价值的综合。

第四，李嘉图的价值论是对现代经济生活的科学解释，而蒲鲁东先生的价值论却是对李嘉图理论的乌托邦式的解释。

第五，李嘉图从一切经济关系中得出他的公式，并用来解释一切现象……这就使他的理论成为科学的体系。蒲鲁东只是完全凭任意的假设再度发现了李嘉图的这个公式。

（二）批判蒲鲁东关于“价值尺度”的观点

1. 蒲鲁东认为，以劳动时间为尺度就能实现社会公平

蒲鲁东认为，交换过程中的不公正是贫困最主要的根源。找到商品相对价值的尺度，就可以确定工人们应分得产品的正确比例和劳动者的平等报酬，交换过程中的不公平和不公正问题、资本主义社会的贫困问题就可以随之解决，理想的公平社会也就可以随之实现。

蒲鲁东认为，以劳动时间为价值尺度就能解决交换过程中的不平等和不公正问题。蒲鲁东从（由劳动时间）构成的价值中得出了两条结论："一定的劳动量和同一劳动量所创造的产品是等价的""任何一个劳动日和另一个劳动日都是相等的"。[①]也就是说，数量相等的两个人的劳动是等值的，雇佣工人以相等的劳动时间得到相等的报酬，交换是在完全平等的基础上实现的，交换过程中的不公正问题也就随之解决。

2. 马克思指出，以劳动时间为尺度分析劳动力价值具有明显的局限性

按照蒲鲁东的观点，作为特殊商品的劳动力的价值由生产劳动这种商品所必需的劳动时间来衡量，也就是生产维持工人活命和延续后代所必需的物品的劳动时间，工人得到的工资无非就是工资的最低额，也就是生存工资，这恰恰证明了资产阶级与无产阶级之间的阶级对抗、剥削和被剥削关系，直接劳动者与剩余劳动占有者之间的不平等分配。

蒲鲁东以劳动时间为尺度是想解决分配过程中的不公平问题，但以劳动时间为尺度来分析工人劳动，得到的却是工人遭受现代奴役的公式，而不是蒲鲁东所希望的无产阶级求得解放的"革命理论"，说明蒲鲁东的观点与根据其理论推演出的结果相矛盾，且歪曲了无产阶级和资产阶级之间的关系。

3. 马克思指出，不能把劳动价值当价值尺度，竞争决定了价值由社会必要劳动时间决定

马克思认为，"蒲鲁东先生的谬误是由于他把至多不过是

① 《马克思恩格斯全集》第4卷，人民出版社1958年版，第93页。

一种没有根据的假设看做结果”[①]，即把“不同劳动日等价，数量相等的劳动等值”看作是既定的事实和结果，也就是说平等分配在交换以前就存在了。蒲鲁东在价值尺度上把“劳动时间”和“劳动价值”混为一谈，使得他从李嘉图学说中引申出的一切“平等”的结论建立在一个根本谬误的基础上，是完全立不住脚的。

马克思指出，劳动价值不能作为价值尺度。马克思认为，“象任何其他的商品价值一样，劳动价值不能作为价值尺度”[②]，因为劳动价值本身是还需要确定的相对价值，不能用本身还需要确定的相对价值来确定相对价值，否则就是在循环论证中打转，不能说明任何问题。

马克思认为，竞争决定了产品的价值由生产它的必要劳动时间，也就是最低限度的时间来决定。

第一，把劳动时间当作价值尺度，并不是假定各个劳动日是等价的，一个人和另一个人的劳动日是等值的。

第二，比较不同劳动日价值需以竞争为尺度。竞争决定着复杂劳动日中包含多少简单劳动日，决定着可以把复杂劳动日折换成多个简单劳动日。在使用机器的企业中，这个工人和那个工人的劳动几乎没有什么差别，“工人彼此间的区别，只是他们在劳动中所化的时间不等”；“量的差别也成了质的差别，因为用在劳动上的时间一方面是取决于纯粹物质方面的原因”，“而另一方面却又取决于一些纯粹消极的精神上的原因”；“现在已经不用再谈质量了”，“只有数量决定一

---

①《马克思恩格斯全集》第4卷，人民出版社1958年版，第96页。

②《马克思恩格斯全集》第4卷，人民出版社1958年版，第97页。

切”。[1]而这种劳动的平均化并不是蒲鲁东的永恒的公平，这不过是现代工业的一个事实。

第三，由于竞争的存在，交换价值是以最低劳动时间为尺度的。正如马克思所说，“一种东西的价值不是由生产它的时间来确定，而是由可能生产它的最低限度的时间来确定，而这种最低额又是由竞争来规定”[2]。

（三）批判蒲鲁东的“比例性关系”观点

1. 马克思认为，蒲鲁东所谓的“比例性关系”只有在供求处于完全平衡的情况下才存在

蒲鲁东的“构成价值”概念中包含着这样的思想，即“价值是构成财富的各种产品的比例性关系”，比例性关系表示在一定时间内所能生产因而能互相交换的产品的相对量。马克思指出，“当供求互相均衡的时候，任何产品的相对价值都恰好由包含在产品中的劳动量来确定，也就是说，这种相对价值恰好表示了我们刚才所解释的比例性关系”[3]，即只有在供求处于完全的平衡状态，商品才能严格按照其中所包含的劳动量来交换，也就是蒲鲁东所谓的“比例性关系”。

2. 马克思认为，商品的供求完全处于平衡状态是极为罕见的，更为常见的情况是供求的不平衡状态

在马克思看来，只有供求处于完全平衡状态，把“比例性”说成是由劳动时间来确定价值的结果才算正确，但在现实社会中，商品的供求完全处于平衡状态，从而商品严格按照其中

①《马克思恩格斯全集》第4卷，人民出版社1958年版，第97页。
②《马克思恩格斯全集》第4卷，人民出版社1958年版，第107页。
③《马克思恩格斯全集》第4卷，人民出版社1958年版，第102页。

所包含的劳动时间来交换的情况是极为罕见的。因此，在事实上“完全构成了的‘比例性关系’是不存在的”，而“只有构成这种关系的运动”。正是“构成这种关系的运动”或“摇摆运动”使得“劳动时间成为价值尺度”，使商品的价值由劳动时间决定这一规律得以实现。

3. 马克思认为，由劳动时间决定的商品价值是同供求相联系的，蒲鲁东却把实际情况颠倒了

马克思认为，蒲鲁东所谓的“比例性关系”完全把实际情况颠倒了。在马克思看来，只有当供求处于完全平衡状态时，蒲鲁东的“比例性关系”才能成立。但蒲鲁东认为“只要先开始用产品中所包含的劳动量来衡量产品的相对价值，那末供求就必然会达到平衡。生产就会和消费相适应，产品就可以永远顺利地进行交换，而产品的市场价格也就会恰好表现产品的真正价值”[①]，即蒲鲁东为了建立他所谓的“比例性关系”，预先设定好供求平衡，这完全颠倒了实际情况。马克思用一个具有讽刺意味的形象比喻批判了蒲鲁东颠倒因果关系的观点，“一般人都这样说：天气好的时候，可以碰到许多散步的人；可是蒲鲁东先生却为了保证大家有好天气，要大家出去散步”[②]。在马克思看来，供求的“比例性关系”根本不决定于这种产品按照相等于这种生产费用的价格的出售。只有供求的变动告诉生产者，某种商品应当生产多少才可以在交换中至少收回生产费用。这种变动的是经常的，所以资本也就不断地出入于各个不同的工业部门，说明劳动时间决定商品价值

①《马克思恩格斯全集》第4卷，人民出版社1958年版，第102页。

②《马克思恩格斯全集》第4卷，人民出版社1958年版，第102—103页。

的规律不能脱离供求的经常变动作静态的分析。

（四）批判蒲鲁东"比例性关系"的适用范围

1. 马克思认为，蒲鲁东所设想的"比例性关系"对资本主义大工业时代来说早就已经过时

马克思指出，"人们一再迫切希望实现的这种供求之间的正确比例早就不存在了。它已经过时了；它只有在生产资料有限、交换是在极狭隘的范围内进行的时候，才可能存在。随着大工业的产生，这种正确比例必然消失；由于自然规律的必然性，生产一定要经过繁荣、衰退、危机、停滞、新的繁荣等等周而复始的更替"[①]。蒲鲁东所设想的"比例性关系"只在以小生产者为基础的简单商品生产社会中才存在。"生产的正确比例"的维持条件是需求支配供给并先于供给，生产紧随着消费，生产的目的是谋取生活资料，而不是为了交换。但在现今的大工业生产条件下，生产是不能等待需求的，生产走在需求前面，生产的目的在于交换而不是消费。蒲鲁东抛弃现代工业文明和进步退回到小生产社会的观点和希望，是完全违背历史发展规律的。

2. 马克思认为，抛开阶级对抗谈平等交换和同等劳动获得同等报酬完全是空想的，是与社会实际不相符的

在马克思看来，"当文明一开始的时候，生产就开始建立在级别、等级和阶级的对抗上，最后建立在积累的劳动和直接的劳动的对抗上。没有对抗就没有进步。这是文明直到今天所遵循的规律。到目前为止，生产力就是由于这种阶级对抗

①《马克思恩格斯全集》第4卷，人民出版社1958年版，第109页。

的规律而发展起来的”[①]。产品交换方式常常由它的生产方式调节，个人交换也和一定的生产方式相适应，而这种生产方式又是和阶级对抗相适应的，没有阶级对抗就不会有个人交换。清除个人交换中的一切对抗因素的社会公平绝对不可能实现。

3. 马克思认为，价值尺度是社会必要劳动时间，而不是蒲鲁东所谓的劳动时间

马克思认为，用劳动时间来衡量价值会使蒲鲁东所谓的“比例规律”变为“比例失调的规律”，必须将价值尺度定位为社会必要劳动时间。这是因为“竞争实现了产品的相对价值由生产它的必要劳动时间来确定这一规律。劳动时间成为交换价值的尺度这一情况因而也就成了劳动不断跌价的规律”[②]，用劳动时间来估价商品也会产生价格过高、生产过剩、生产无政府状态和垄断。以相等劳动量的交换所产生的是“生产过剩、价格低落和过度劳动（接着是无事可做），总而言之，现社会中所有的一切经济关系，只是没有劳动的竞争”[③]，也就是懒惰的竞争，社会把懒惰当作最大的幸福，把劳动看成是必须摆脱的沉重负担，这就与社会发展的要求不相符。使蒲鲁东的“比例性关系”得以成立的另一种方法就是，自己消费掉所剩时间内的劳动产品，即生产产品的目的并不是交换，只有停止交换才能拯救平等交换，这种情形下的人也就都会变成鲁滨逊，且与之前所说的社会是建立在分工和交换之上

①《马克思恩格斯全集》第4卷，人民出版社1958年版，第104页。

②《马克思恩格斯全集》第4卷，人民出版社1958年版，第106页。

③《马克思恩格斯全集》第4卷，人民出版社1958年版，第115—116页。

的这个前提是矛盾的。

4. 马克思引用英国共产主义者布雷关于实现平等交换和社会公平的论述，来进一步说明蒲鲁东“平等”理论的空想性

英国共产主义者布雷在《劳动的弊害及其消除办法》中指出，观念上的不平等、工人的物质贫困的原因是对“只有劳动才创造价值”这一基本原则的忽视及由之而产生的财产不平等，而交换的不平等是财产不平等的根源。所以，要消除交换中的不平等，实现社会公平正义，就要坚持普遍劳动和公平交换原则，而要实现公平交换就要遵循“某甲的一个工时交换某乙的一个工时”的基本定理，说明布雷和蒲鲁东一样消除了个人交换中的一切对抗因素，借以来实现他们所希望的“平均主义的”关系和社会公平。所不同的是，布雷认为他提出的办法只适合于现代社会和以财产公有为基础的制度之间的过渡阶段，即部分属于现在的制度、部分属于将来的制度的过程，社会在进入这个阶段时将带着自身的各种弊病和愚蠢，以后出来时却带着财产公有制度中不可缺少的各种品质和特点的阶段。

知识链接 ……………………………………………………

★ 劳动价值论 ★

马克思主义认为，商品是使用价值和价值的统一，而商品二重性由劳动二重性决定，具体劳动创造商品的使用价值，抽象劳动形成商品的价值。价值是无差别的人类劳动的凝结，价值是决定商品

交换价值的基础，交换价值是价值的表现形式，商品的价值量由生产该商品的社会必要劳动时间决定。货币是商品交换发展到一定阶段的产物，从商品中分离出来固定地充当一般等价物的特殊商品。

三、批判蒲鲁东“价值比例规律的应用”中的货币和劳动剩余观点

（一）批判蒲鲁东对货币本质和金银特性的错误理解

1. 批判蒲鲁东“金银是价值已经达到构成的第一种商品”的说法

构成价值理论是蒲鲁东政治经济学的核心，蒲鲁东认为，劳动是衡量一切价值的尺度。金银是在社会中价值达到“构成的”第一种商品，也就是说金银的价值是由生产金银的劳动时间所决定的。市场上其他一切商品只要像金银的价值判断标准一样，由生产该商品的劳动时间来估价，那么所有商品都将永远如金银般可交换。

因此，蒲鲁东在《贫困的哲学》中说：

“金银是价值已经达到构成的第一种商品。”[①]

对此，马克思在《哲学的贫困》中评论：

“因此，如果把金银当做由劳动时间所‘构成的价值’的应用，那末要证明由劳动时间构成价值的一切商品都将具有不断交换性能，都将成为货币，是再容易也没有了。”[②]

马克思准确地抓住了蒲鲁东将金银作为“第一种商品”的

---

①《马克思恩格斯全集》第4卷，人民出版社1958年版，第118页。

②《马克思恩格斯全集》第4卷，人民出版社1958年版，第119页。

逻辑漏洞，那便是在选择例证上面的“幸运”。因为金银不是一种普通的由劳动时间构成价值的商品，而金银具有货币的特性，即普遍交换手段。蒲鲁东用本身就具有交换性能的商品——金银去作为“构成的价值”的应用，去论证交换性能，便是马克思所谓蒲鲁东“变戏法手法”思想的“幼稚”之处。可见，并不是商品在金银这种形式中达到“构成价值”的状态，相反地，是蒲鲁东先生的“构成价值”在金银这种形式中达到货币的状态。

蒲鲁东错误地理解了货币的本质，他认为货币是一个例外，是一个预先就存在的，与其他经济关系剥离的例外，是尚待发现的系列的第一个要素。而金银最先作为货币，用蒲鲁东的“价值的构成”理论解释，那便是，人们知道开采金银所必要的劳动时间比生产其他商品所必要的劳动时间要早。也就是说，蒲鲁东认为人们最先知道的是开采金银所需要的必要劳动时间，所以，金银成为一切商品中价值达到构成的第一种商品。

这种说法当然是不符合历史事实的，因为人们对于生产日用品（例如铁等）所必要的时间是知道得最早的。

此时，马克思虽然还没有提出社会必要劳动时间这个概念，还没有系统论述决定商品价值量的不是生产商品的个别劳动时间，而只能是社会必要劳动时间。但是，马克思已经在《哲学的贫困》中清晰指出：

“价值不是由单独生产某种产品所必要的时间构成，而是与同一时间内所能生产的一切其他产品的数量成比例。因此金银价值的构成是以许多其他产品的价值已经构成为前提的。”[①]

2. 批判蒲鲁东把金银成为货币的经济动因归结为君主神圣化的说法

在《贫困的哲学》中，蒲鲁东将金银经过价值构成的状态，能够成为最适合成为货币的经济动因，归结为君主的神圣化。蒲鲁东说：“经过君主的神圣化以后就产生了货币：君主们占有金银，并且在上面打了自己的印章。”[②]

在蒲鲁东看来，使货币获得价值的不是贸易，而是君主。这样的思想正好体现了蒲鲁东是唯心主义流派的政治经济学家。

然而，此时的马克思已经创立了唯物史观，会力求挖掘隐藏在物与物的表面下的各种各样的深层次的社会关系。马克思认为，货币不是起源于“君主的神圣化”，而是社会历史一系列交换行为的结果，货币也不仅仅是一种物，而是一种社会关系，货币的存在及其必要性要通过生产关系来理解。无论任何时候，君主们都必然要服从经济条件，人们给钱币上盖印章，都并不能表明它的价值，而只是说明钱币的重量，只代表钱币的成色。就像我们现在一件羊绒大衣商标上的含量成分表一样，它只能表明“羊毛”的含量，却无法说明“羊毛”的价值。

蒲鲁东在《贫困的哲学》中举出法国皇帝菲利浦一世在查理大帝时代，在土尔银币中掺进了三分之一杂质的事例。用来说明商品的价值取决于供求关系，货币的价值也可以像粮食、酒、石油、烟草的价值一样，通过人为地掌握生产而随意

---

①② 《马克思恩格斯全集》第4卷，人民出版社1958年版，第121页。

改变。

可事实上，货币的价值是客观存在的，就算统一将一百元叫作两百元，一百元也不会实现两百元的价值。货币的价值不会仅仅因为名称的改变而有所增减。正如菲利浦一世也不能创造货币，他只是创造了钱币的名称。

3. 总结蒲鲁东金银价值达到构成这一例证的缺陷

马克思在《哲学的贫困》中总结了蒲鲁东将货币作为达到构成状态的价值的实际应用，指明这个例子的缺陷所在：

“在一切商品中，只有作为货币的金银不是由生产费用来确定的商品；这一点是确实无疑的，因为金银在流通中可以用纸币来代替。只要流通的需要和发行货币（无论纸币、金币、白金币或铜币）的数量之间保持着一定的比例，那就不可能产生保持货币的内在价值（由生产费用所确定）和名义价值之间的比例问题。”①

马克思在《哲学的贫困》中也引用了对他在政治经济学领域影响极深的英国古典政治经济学家李嘉图对货币价值的论述：

“金银象一切其他商品一样，它们所具有的价值，只是与生产它们并把它们投入市场所必要的劳动量相适应。”“确定货币价值的不是实物所包含的劳动时间，而只是供求规律。”②

总而言之，金银之所以永远能够交换，是由于它们具有作为普遍交换手段的特殊职能，而绝不是由于它们在数量上和财富总额成比例；或者说，金银之所以经常保持均衡，是由于

---

①②《马克思恩格斯全集》第4卷，人民出版社1958年版，第125页。

在一切商品中只有它们作为货币,作为普遍的交换手段,不管它们的数量和财富总额的比例关系如何。金银失去了蒲鲁东认为构成金银特性的"稳固性和确实性"的特点。因而,货币不是像蒲鲁东所说的那样,是由劳动时间所"构成的价值",与他提出的"比例性"更无关系。

(二)批判蒲鲁东对社会的错误理解以及"劳动必然带来剩余"理论的混乱思维

剩余价值理论是马克思主义政治经济学的基石,马克思认为资本主义生产的实质就是剩余价值的生产。在《哲学的贫困》第一章第三节的第二部分"乙、劳动的剩余",马克思已经基本上找到了剩余价值的真正来源,是剩余价值思想的孕育阶段。但此时剩余价值思想还没有形成完备的理论体系,"剩余价值"这一概念的第一次公开使用是在1859年出版的《政治经济学批判》中。

1. 批判蒲鲁东"价值的决定和实现都可以归结为劳动的剩余"的观点

蒲鲁东认为价值的决定和实现都可以归结为劳动的剩余。蒲鲁东在承认了任何劳动必然留下剩余的原理的同时,又批判其他经济学家们的理论并不能证明这一点。于是,"为了证明任何劳动必然留下某些剩余,蒲鲁东先生把社会人格化;他使社会变成作为人的社会,这种社会决不是由人所组成的社会,因为它有自己的特殊规律,这些规律与组成社会的人毫无关系,有'自己的理性',这种理性不是普通的人的理性,而是丧失理智的理性。蒲鲁东先生责备经济学家们不了解这种集合体的个性”[①]。

马克思在《哲学的贫困》中批判了这一观点。马克思认为蒲鲁东为了证明任何劳动必然留下剩余而将社会人格化是一种神秘主义，从而也不过是得出经济学家们都公认的简单真理：社会里的个人生产可以超过孤独的个人生产，联合起来的个人生产剩余多于没有联合的个人的生产剩余。

2. 批判蒲鲁东“社会损益和个人损益是对立的、成反比”的观点

蒲鲁东以一个具体的生活中的“实例”来说明人的生活所服从的规律是与确定作为个人的人的活动的规律相对立的，蒲鲁东说“经济方面的新发现决不会给发明者带来和他贡献给社会相等的利益”[②]，也就是说蒲鲁东认为社会的损益和个人的损益是对立的、成反比的。

这个例子是通过对比兽力车运和铁路运输对于国家、运输企业和消费者的损益来阐释的。铁路运输远比兽力车运输要先进，运输速度快得多，但是铁路企业的利润却非常低，大约是10%，几乎和兽力车运持平。假使铁路运输的速度和兽力车运书的速度之比是4∶1，而节约时间对于社会而言就是巨大价值，如果两者的运费相同，那么铁路运输所提供的利益就是兽力车运输所提供的400%。对于社会来说，与兽力车运输相比，铁路运输实现了4倍的利益，而铁路企业却不能以同样的比例获得收益。倘若铁路运输将运费上涨，那么兽力运输立刻会以低价赢得大优势，铁路运输就会立刻失去一切货运

①《马克思恩格斯全集》第4卷，人民出版社1958年版，第128页。

②《马克思恩格斯全集》第4卷，人民出版社1958年版，第129页。

生意，而最直接的结果就是伤害到了社会的利益。蒲鲁东说，“假定社会只有100万人，那末等于400的社会利益对个人来说就是万分之四，而消费者遭受的33%的损失却决定了3300万的社会亏损”[①]。

对于蒲鲁东以货物运输的两种方式举的“实例”，马克思作出了以下批判：

首先，蒲鲁东用400%来表明铁路运输是兽力车运输速度的4倍，这个是没有问题的。但是，却借用400%安在了利润和收益上，并且将速度和利润这两个不同维度的概念进行比较。另外在蒲鲁东的例子中，400%指铁路运输社会收益与兽力车运输的比例，但一会又将400作为社会财富的总和分给假定的一百万人。而事实上是，无论人多人少，社会有多大比率的收益，社会中的个人同样也会拥有多少，而不是将利润总额除以总人数。同样，损失也是这样，社会损失33%，社会中的每个人也损失33%。并且蒲鲁东在计算中犯了一个算术错误，忘了除以100，也是这个算术错误使他误以为证明了真理。蒲鲁东看似科学精确地用数据论述，但实际此处的思维可以说是混乱不堪。

其次，蒲鲁东在表达社会利益时说到，时间就是金钱，就像在上一部分蒲鲁东以金银为例，用其本身就具有的交换性能去作为“构成的价值”的应用，去论证交换性能一样的“狡猾”。在此处，蒲鲁东举出了运输这样的特例，凑巧将劳动时间和运输时间等同了起来，因为在运输行业，劳动时间确实与

① 《马克思恩格斯全集》第4卷，人民出版社1958年版，第129页。

运输时间一致。

最后,回到蒲鲁东举例的初衷,就是为了证明“每种新的发明都使产品的交换价值下降,使同样的劳动量生产出更多的商品。因此,社会之所以获得利益,并不是由于它获得更多的交换价值,而是它凭原来的价值获得了更多的商品。至于发明者,他的利润在竞争的影响下不断下降到利润的一般水平”[①]。同样,这个道理也已经是政治经济学中的老生常谈了,马克思在《哲学的贫困》中也分别引用了李嘉图和罗德戴尔的观点证实了这是一个普遍真理。

3. 批判蒲鲁东“用普罗米修斯的故事来说明劳动的剩余”的观点

蒲鲁东接着又用普罗米修斯的故事来说明劳动的剩余,他将普罗米修斯的名字给予作为人的社会,并用以下的话歌颂他的功绩:

“最初,普罗米修斯从自然的怀抱中走出来,感到生活在一种愉快的悠闲中……。于是,普罗米修斯就开始劳动,从第一天(第二次创世的第一天)起,他的产品,即他的财富,他的幸福等于十。第二天普罗米修斯实行分工,他的产品增加到一百。从第三天起,普罗米修斯每天发明机器,发现物体的新的效用,新的自然力……他的劳动活动步步进展,他的生产数字也就随着上升,这表明他的幸福也在增进。最后,因为对他来说消费就是生产,因此每天的消费只是消耗前一天的产品,它还为第二天留下剩余产品。”[②]

---

①《马克思恩格斯全集》第4卷,人民出版社1958年版,第132页。

②《马克思恩格斯全集》第4卷,人民出版社1958年版,第134页。

马克思在《哲学的贫困》中评论道，“蒲鲁东先生的这个普罗米修斯真是怪物！他无论在逻辑上或政治经济学上都是软弱无力的”[①]。马克思立刻指出了这个故事的逻辑漏洞：对于普罗米修斯来说，消费就是生产，因此每天的消费只是消耗前一天的产品，它还为第二天留下剩余产品。但如果我们追寻到最初的第一天，这一天没有前一天的劳动剩余，没有分工、没有机器。实际上，蒲鲁东描述的普罗米修斯是一个建立在阶级对抗上的社会关系，这不是个人和个人的关系，而是工人和资本家、农民和地主的关系，抹杀了这些社会关系，就没有机器、工厂、分工，那就是消灭了整个社会。

总而言之，在马克思看来，价值的决定和实现都以生产者之间的竞争和供求关系的波动为前提，而不能像蒲鲁东那样简单地归结为“劳动的剩余”。并且，蒲鲁东只是对劳动的剩余的公式加以平均主义的解释却没有注意现代的生产方式，而这种生产方式是和阶级对抗相适应的，没有阶级对抗就没有生产力的发展。人类社会最初就建立在阶级的对抗上，没有对抗就没有发展和进步。

四、马克思从七个方面对蒲鲁东“方法”进行批判

在《哲学的贫困》第二章第一节“方法”中，马克思按照《贫困的哲学》的总体内容，梳理出七个方面的“说明”，对蒲鲁东政治经济学方法作出系统批判，揭示了蒲鲁东的经济学是脱离实际生活过程的形而上学。马克思政治经济学方法论的核

① 《马克思恩格斯全集》第4卷，人民出版社1958年版，第134页。

心观点和内在逻辑也从这七个方面的“说明”展开论述。

（一）“第一个说明”阐明了经济范畴的本质是生产关系的反映

蒲鲁东认为，分工、信用、货币等资产阶级生产关系是固定不变的、永恒的范畴。他在《贫困的哲学》中解释了生产怎样在上述关系下进行，但却没有说明产生这些关系的历史运动，即范畴、原理、观念、思想的形成情况和来历。与资本主义经济学家一样，蒲鲁东把经济范畴看作“永恒的法则”，而忽略了社会历史的发展过程。

马克思批判蒲鲁东把社会历史看成理性演变的历史。蒲鲁东把经济范畴和生产关系割裂开来，把经济范畴、原理、思想等看作是脱离现实的存在，是观念的一种表现形式，并将资本主义生产关系看作是自然的、永恒的存在。马克思批判蒲鲁东借助这些完全成形的范畴，将它们看作“永恒的法则”，而不是历史发展的，揭示了蒲鲁东唯心主义的历史观。

马克思认为经济范畴、原理、思想等，只是社会生产关系在“理论上的表现”，是社会生产关系的“历史运动”的结果，强调经济范畴不是一种先验的东西，而是经济关系的客观反映，从历史唯物主义的角度阐明了资本主义经济范畴、原理、思想等关系是怎样产生以及怎样形成历史运动的。“人们按照自己的物质生产的发展建立相应的社会关系，正是这些人又按照自己的社会关系创造了相应的原理、观念和范畴”，而范畴同它们所表现的社会关系一样，都是历史的暂时的产物。马克思阐明社会历史的发展是人自身发展的历史，人作为生产力的主体不断推动生产力的发展，其社会生产关系必然也发生变化。蒲鲁东抛开了现实的生产关系的历史发展，那么他只能将“普遍理性”作为社会发展的前提。蒲鲁东离开了对生产关系总体的系统的研究，说明他对资产阶级所有制是不理解的，对资产阶级生产所具有的各种形式结合起来的联系也是漠然的，对一定时代生产所具有的形式具有历史性和暂时性的性质是忽略的。

（二）“第二个说明”阐明了“有决定意义的观点”即生产力与生产关系的辩证关系，并强调生产力的决定作用

在《贫困的哲学》中，蒲鲁东只看到了生产力的状况，忽视了现实的经济关系特征。蒲鲁东认为经济范畴体现在不变的平等观念中，而现实的经济关系体现了经济范畴，人们头脑中经济范畴演进的历史就成了人类历史。蒲鲁东把经济范畴、理论看作是人们思想领域里本来就按一定的逻辑次序存在着，而不是客观的经济关系在人们意识中的反映，从而也就不存在客观的逻辑次序。

马克思批判蒲鲁东继承了黑格尔的唯心主义观点，认为现实世界是从观念世界中产生出来的，经济范畴不过就是人类理性逻辑的表现。马克思在“第二个说明”中集中论述了“有决定意义的观点”，即生产力和生产关系的辩证法。“第二个说明”是对“第一个说明”观点的深化，并从社会性和历史性的角度分析了经济范畴、原理、思想等。马克思在批判蒲鲁东唯心主义观点的同时，第一次科学地论述了经济范畴的客观性和历史性。

马克思认为，经济范畴是生产方面社会关系的理论表现，因而“这些观念、范畴也同它们所表现的关系一样，不是永恒

的。它们是历史的、暂时的产物”。马克思在这里分析得出，人们在发展生产力的同时也发展着一定的社会关系。在资本主义的社会生产模式下，生产关系具有历史性和暂时性。在现实历史中经济发展的状况既包含了生产力的形态，也包含社会关系的形态，社会关系的性质随着生产力的改变而改变。马克思强调了政治经济学方法论的历史的特点，认为经济范畴都是历史的而不是永恒不变的，明确了政治经济学“范畴、原理、规律、观念、思想”社会的、历史的演进的根源及其本质。马克思指出：“社会关系和生产力密切相联。随着新生产力的获得，人们改变自己的生产方式，随着生产方式即谋生的方式的改变，人们也就会改变自己的一切社会关系。”[①]在这一基本观点的基础上，马克思的结论就是：“人们按照自己的物质生产率建立相应的社会关系，正是这些人又按照自己的社会关系创造了相应的原理、观念和范畴。”[②]马克思以资本主义社会的生产为基础，说明了生产力和生产关系的辩证法可以总结为：生产力是整个历史的全部基础，它决定着生产关系。生产力的发展改变了人们的生产方式即谋生方式，从而引起了社会关系的改变。

（三）“第三个说明”以“现实的个人”对“普遍理性”为哲学前提进行批判

在《贫困的哲学》中，蒲鲁东把经济关系按照他的臆想，割裂为分工、机器、竞争、垄断等不同“时期”，并使这些“时期”强行地依次出现在单个社会中。他将“普遍理性”作为产生经济

①②《马克思恩格斯选集》第1卷，人民出版社2012年版，第222页。

范畴的前提条件,但并没有说明这些"时期"存在的依据是什么。

马克思批判蒲鲁东是用政治经济学的范畴构筑某种意识形态体系的大厦,把社会体系的各个环节割裂开来,即把社会的各个环节变成同等数量的依次出现的单个社会。他提出:"单凭运动、顺序和时间的唯一逻辑公式怎能向我们说明一切关系在其中同时存在而又互相依存的社会机体呢?"蒲鲁东借助"普遍理性"作为永恒观念适用于一切社会形式中,仅是将经济范畴重新编排顺序,并没有体现逻辑与历史的统一。马克思从"现实的个人"出发对蒲鲁东"普遍理性"进行了批判。

马克思认为,蒲鲁东在考察经济关系划分的不同时期中的任何一个阶段时,都需要依靠其他关系来说明,可是这些社会关系却尚未被蒲鲁东用辩证运动产生出来。马克思进一步阐明社会生产关系随着生产力的变化而发生改变,而"现实的个人"是推动社会生产关系变革的决定力量。

(四)"第四个说明"批判了蒲鲁东把"矛盾"机械地区分为好、坏两个方面

蒲鲁东在《贫困的哲学》中不仅割裂社会经济关系不同范畴之间的辩证关系,而且对同一范畴还"机械地划分出好、坏两面",并认为"好的方面和坏的方面,益处和害处加在一起就构成每个经济范畴所固有的矛盾"[①],而解决矛盾的出路就是"保存这个经济范畴的好的方面,消除其坏的方面"[②]。

马克思批判了蒲鲁东的辩证运动只是机械地划分出好、

①《马克思恩格斯文集》第1卷,人民出版社2009年版,第604页。

②《马克思恩格斯文集》第1卷,人民出版社2009年版,第605页。

坏两面，完全背离了黑格尔辩证法的本意，他否定了辩证法的绝对运动。马克思强调，“蒲鲁东先生从黑格尔的辩证法那里只借用了用语。而蒲鲁东先生自己的辩证运动只不过是机械地划分出好、坏两面而已”①。

马克思认为：“谁要给自己提出消除坏的方面的问题，就是立即切断了辩证运动。我们看到的已经不是由于自己的矛盾本性而设定自己并自相对立的范畴。”②实质上，马克思阐明了矛盾辩证法的运动论，两个相互矛盾方面的共存、斗争以及融合成一个新范畴，就是辩证运动。矛盾具有“共存性”和“斗争性”，事物内部的矛盾及其辩证的否定，是辩证法的“内在生命”。马克思强调了政治经济学是一个范畴群体系，其形成机制不是理性或者天命，而是经济观念本身与经济运动本身的矛盾。

（五）“第五个说明”阐明了蒲鲁东“系列辩证法”是对黑格尔辩证法拙劣的模仿

在第五个至第七个“说明”中，马克思对政治经济学方法论中历史逻辑和理论逻辑关系问题展开阐释。“第五个说明”开篇，马克思摘引了蒲鲁东《贫困的哲学》第九章“第六个时期——贸易的平衡”中的一段论述：“在绝对理性中，我们根据我们的对比能力和悟性需要而随意加以分门别类的所有这些概念，都是同等简单和普遍的。可以说，它们在地位与效能上都是平等的，都可以被至上的我（如果至上的我能够论证的话）当成推理的前提或结论主轴和轮轴线。实际上，我们只有

①②《马克思恩格斯文集》第1卷，人民出版社2009年版，第605页。

靠我们的观念搭成一种脚手架才能达到科学境地。但是，真理本身并不以这些辩证的图形为转移，而且不受我们思想的种种组合的束缚。”

蒲鲁东将辩证运动的过程归结为一个简单的过程即把好的方面和坏的方面加以对比，消除坏的方面，并把一个范畴用作另一个范畴的消毒剂，那么范畴便不再自发地运动，观念也不再发生“作用”。当蒲鲁东谈到范畴的逻辑顺序的时候，他论述的不是与时间次序相一致的历史顺序，他认为一切都在理性的纯粹以太中进行。换言之，他用以说明经济范畴的次序不再是这些经济范畴相互产生的次序。

马克思批判了蒲鲁东辩证法违背了黑格尔的辩证法，蒲鲁东把黑格尔的辩证法“降低到极可怜的程度”①，蒲鲁东既没有阐明范畴的“世俗历史”，也没有阐明范畴的“神圣历史”。

马克思认为，从上述论述中可以看出蒲鲁东一旦把辩证运动的过程归结为这样一个简单的过程，即把好的方面和坏的方面加以对比，提出消除坏的方面的问题，并且把一个范畴用作另一个范畴的消毒剂，那么观念就“不再发生作用”，那么范畴的顺序就变成了所谓的“脚手架”，辩证法也不再是绝对理性的运动。在马克思看来，蒲鲁东的辩证法变成了唯心主义的形而上学，“在蒲鲁东先生看来，再没有什么历史，也没有什么观念的顺序了”②，他忽视了矛盾辩证法的历史性。马克思的辩证法是人类社会真实历史辩证法的理论表现。同时，蒲鲁东对所有经济范畴的价值性都似乎作了矛盾分析，认为

①《马克思恩格斯选集》第1卷，人民出版社2012年版，第221页。

②《马克思恩格斯选集》第1卷，人民出版社2012年版，第228页。

构成每个经济范畴的固有矛盾就是好的方面和坏的方面，消除坏的方面、保留好的方面就可以解决矛盾。实质上，马克思阐明了矛盾辩证法的价值观，任何经济范畴对于人的价值二重性都是不可剥离的，消除其坏的方面，就等于切断了辩证运动，就等于消除经济范畴本身。

（六）“第六个说明”进一步阐明蒲鲁东颠倒现实运动与经济范畴关系的唯心主义观点

蒲鲁东为了说明“与观念顺序相一致的历史”，他发明了一种新理性，被称作“普遍理性”或“人类理性”。蒲鲁东把社会历史的发展变化看作是在理性中不断演变而成的，现实的一切不过是理性的衍生物，从而颠倒了经济范畴和现实的关系。同时，蒲鲁东从他的辩证法中得出了关于“平等”的结论。“他认为，好的东西，最高的幸福，真正的实际目的就是平等。”在蒲鲁东的观念里，为何只要平等，不要博爱以及天主教或其他的原理？因为在他看来人类关于政治、经济等关系的假设都是由于一个最高的假设，蒲鲁东把这个最高的假设看作是平等。同时，平等也和“天命的目的”画上了等号，这是蒲鲁东用以形容历史进程的响亮字眼。

马克思批判了蒲鲁东用“天命”诠释经济史和经济思想史的错误观点，以及蒲鲁东所认为的经济理论具有其自身的理性系列。蒲鲁东把观念顺序相一致的历史试图用一种新的理性来论述，但这个理性与黑格尔所说的那种纯粹的理性大相径庭，更与马克思所说的那种生活在不同历史时期的人们的理性不同，蒲鲁东将其称为“普遍理性”或者“人类理性”。

马克思认为，这所谓的理性可以被人们认为是蒲鲁东先生的个人理性，它有好的方面也有坏的方面。虽然蒲鲁东在研究政治经济学时发现了社会的进步是在历史中实现的，但他无法解释社会的发展和人的发展是如何相互联系在一起的，所以他只能假设是一种普遍理性引起了这种进步。在蒲鲁东看来，分工、信用、工厂等一切经济关系都是为了实现平等而遵照天命行事，但结果却往往不利于平等。这首先就是用后一代人的生产资料代替过去各世纪的人和生产资料，显然是否认后一代人改变前一代人所获得的成果的历史运动。马克思明确指出任何经济范畴都只是历史的暂时的产物。蒲鲁东将现实的一切都抽象为范畴，而且对这些范畴进行非历史的研究，把它们看成永恒不变的概念或思想。蒲鲁东从唯心主义出发，把社会历史变成了理性中演变的历史，把范畴看作是历史的动力，完全颠倒了经济范畴与现实运动之间的关系，不理解人类历史发展中经济形式的暂时性和历史性。蒲鲁东把资产阶级生产关系说成是“固定不变的、永恒的范畴”，这种违背人类社会发展进程的非历史观点必然导致错误的唯心史观。

（七）“第七个说明”从历史的角度对资产阶级和资本主义社会结构作出了评价

以蒲鲁东为代表的经济学家们认为，历史上只有封建制度和资产阶级制度，封建制度是人为的，资产阶级制度是天然的。以蒲鲁东为代表的经济学家们之所以认为资产阶级生产关系是天然的，是想说明这种生产关系是一种自然的规律，是不受时间影响的永恒规律。

马克思批判了“历史上只有两种制度”的观点，判断封建的生产关系的正确方式，是把它当作“以对抗为基础”的生产方式去考察。马克思认为，“生产方式、生产力在其中发展的那些关系并不是永恒的规律，而是同人们及其生产力发展的一定水平相适应的东西”，即生产力的变化必然引起生产关系的变化。针对当时的资本主义社会结构和资产阶级，马克思揭示了当时的资本主义社会结构和资产阶级在历史发展过程中的对抗性质，并对这种对抗性质作了系统的阐释。

马克思将资产阶级生产关系的性质概括为“两重的”，并从三个方面阐释了这种“二重性”的突出表现：一是资产者财富的增加和无产者的贫困所产生的两重结果；二是资产阶级生产关系既是生产力发展的动力，同时也阻碍了生产力的发展；三是资产阶级财富增长的过程伴随着无产阶级不断壮大，同时也是单个资产者不断被消灭、财富不断被集中的过程。这三个方面“两重的”冲突“一天比一天明显了”。面对“这种对抗性质”的表现日益明显，“经济学家们，这些资产阶级生产的学术代表就越和他们自己的理论发生分歧，于是在他们中间形成了各种学派”[①]。马克思根据他对当下经济思想史的理解，把“各种学派”分为三类。

第一类是“宿命论”学派，这一学派的特点是，对资产阶级生产的有害方面抱以漠然的态度，正如资产者在生产实践中对他们赖以取得财富的无产者的困苦漠不关心一样。这一学派可分为“古典派”和“浪漫派”两种。“古典派”是指斯密和李嘉图这样的经济学家，马克思认为，他们是“这一时代的历史学家，他们的使命只是表明在资产阶级生产关系下如何获得

①《马克思恩格斯文集》第1卷，人民出版社2009年版，第614页。

财富”，“在他们看来，贫困只不过是每一次分娩时的阵痛”。[①]“浪漫派”存在于马克思所处的“时代”，“这时资产阶级同无产阶级处于直接对立状态，贫困像财富那样大量产生”[②]。马克思认为对于财富创造主体的劳动者应给予尊重的态度，批判浪漫派的经济学家们是一种“饱食的宿命论者姿态”，这些经济学家把用劳动创造财富的无产者视为“活人机器”。

第二类是“人道学派”，这一学派的特点是“对无产者的苦难以及资产者之间的剧烈竞争表示真诚的痛心；他们劝工人安分守己，好好工作，少生孩子；他们建议资产者节制一下生产热情”[③]。随着“人道学派”的发展完善，其中产生了一种“博爱学派”，这一学派“否定对抗的必然性”，它“愿意保存那些表现资产阶级关系的范畴，而不要那种构成这些范畴并且同这些范畴分不开的对抗”[④]。

第三类学派是“无产阶级的理论家”，在历史的推进及无产阶级斗争不断发展的背景下，这一学派完成了从“革新的科学”到“革命的科学”的转变。前一阶段的社会背景与特征在于，“在生产力在资产阶级本身的怀抱里尚未发展到足以使人看到解放无产阶级和建立新社会必备的物质条件以前，这些理论家不过是一些空想主义者，他们为了满足被压迫阶级的需要，想出各种各样的体系并且力求探寻一种革新的科学”[⑤]。后一阶段的进程和特征在于，“当他们还在探寻科学和只是创立体系的时候，当他们的斗争才开始的时候，他们认为贫困不过是贫困，他们看不出它能够推翻旧社会的革命的破坏的一

①②③《马克思恩格斯文集》第1卷，人民出版社2009年版，第615页。

④⑤《马克思恩格斯文集》第1卷，人民出版社2009年版，第616页。

面。但是一旦看到这一面，这个由历史运动产生并且充分自觉地参与历史运动的科学就不再是空论，而是革命的科学了”[①]。此时马克思认为，声称属于“无产阶级的理论家”的经济学家们广泛“应用”了李嘉图的理论，因为在英国所有的社会主义者在各个不同时候几乎都提倡过平均主义地应用李嘉图的理论。

知识链接 ……………………………………………………

★ 黑格尔辩证法 ★

黑格尔辩证法是德国古典哲学最重要的成果之一。其基本思想是概念的辩证发展。它第一次把整个自然的、历史的和精神的世界描写为一个过程，即描写为处在不断运动、变化和发展之中的，并企图揭示其内在联系，从而猜测到了客观事物的辩证法，但是是建立在唯心主义基础之上的。马克思、恩格斯批判地吸取了其中的合理内核，抛弃了它的唯心主义体系，创立了唯物辩证法。

五、批判蒲鲁东“经济进化的系列”问题

（一）批判蒲鲁东关于“分工”和“机器”方法论上的错误观点

在这里马克思主要阐述了“工厂或机器是否真是在分工之后把权威原理带入了社会”[②]的问题；工厂或机器是否一方

①《马克思恩格斯文集》第1卷，人民出版社2009年版，第616页。
②《马克思恩格斯文集》第1卷，人民出版社2009年版，第623页。

面恢复劳动者的权威，而另一方面又同时使劳动者从属于权威问题；机器是不是被分割的劳动的新的合成，是不是同劳动的分析相对立的劳动的合题的问题；等等。

1. 批判蒲鲁东从"分工"时期到"机器"时期理论的非历史性

马克思批判了蒲鲁东认为的分工是一种永恒的规律，是一种单纯而抽象的范畴。抽象、观念、文字等就足以使他说明各个不同历史时代的分工。种姓、行会、工场手工业、大工业必须用一个分字来解释。蒲鲁东认为如果首先将"分"字的含义好好加以研究，将来就不必再研究每个时代中赋予分工以某种特定性质的诸多影响了。

马克思认为不能简单地把事物归结于范畴，历史的进程并不像范畴那样绝对和刻板。市场的大小和它的面貌赋予各个不同时代的分工的面貌和性质，单从一个"分"字，从观念、范畴当中是很难推论出来的。

马克思批判蒲鲁东认为的所有的经济学家常常更多地强调分工的有益方面，同时没有一个经济学家发现规律的有害方面。

马克思认为蒲鲁东的分工思想是把众所周知的一般常识进行重复和夸大，并没有实质性的结论。马克思引用斯密、弗格森、勒蒙泰、萨伊等人的观点来作出了对比。

马克思批判蒲鲁东从分工这种被看作普遍规律、范畴和观念中引申出的同它有关的有害方面。否定蒲鲁东认为的分工产生了种姓，种姓就是分工的有害方面，有害方面就是由分工产生的。批判蒲鲁东历史叙述的方法，哲学之后接着就是历史，这已不是叙述的历史，也不是辩证的历史，而是比较的历史。马克思批判蒲鲁东把一个历史时代的分工和另一历史时代的分工对立起来。

马克思提出，蒲鲁东应当向我们表明一般分工，即作为范畴的分工的有害方面。

马克思批判蒲鲁东关于三段论的逻辑，三段论实质是：分工使工人去从事屈辱自身的职能；被损害的灵魂与这种屈辱自身的职能相适应，而工资的不断急降又与灵魂的被损害相适应。要证实降低了的工资完全与被损害的灵魂相适应，蒲鲁东为了不受良心责备，便肯定地说，普遍良心的意志就是这样。请问，这种普遍良心包括不包括蒲鲁东的灵魂呢？同时反对机器是"分工的逻辑反题"。

马克思认为从分工无法直接推论出贫困，现代工厂也不是贫困的辩证否定。

马克思批判蒲鲁东的分工的新的历史，蒲鲁东不是为了从中引出矛盾，而是为了按照自己的方式来改造工厂，并推翻他之前的关于分工的一切。蒲鲁东认为劳动的组成和划分视其所拥有的工具而各有不同。手工磨所决定的分工不同于蒸汽磨所决定的分工。因此，先从一般的分工开始，以便随后从分工得出一种特殊的生产工具——机器。

2. 批判蒲鲁东从"分工"时期到"机器"时期理论的非社会性

马克思提出观点：机器正像拖犁的牛一样，并不是一个经济范畴。机器只是一种生产力，以应用机器为基础的现代工厂才是生产上的社会关系，才是经济范畴。当现代工厂中的分工无论巨细全由企业主的权力进行调度的时候，现代社会要进行劳动分配，除了自由竞争之外没有别的原则、别的权力可言。在宗法制度、种姓制度、封建制度和行会制度下，整个社会的分工都是按照一定的规则进行的。这些规则最初来自物质生产条件，过了很久以后才上升为法律。分工的这些不同形式正是这样才称为不同的社会组织形式基础。至于作坊内部的分工，它在上述一切社会形态中是很不发达的。社会内部的分工越不受权利的支配，作坊内部的分工就越发达，越会从属于一人的权利。因此，在分工方面，作坊里的权力和社会上的权力是互成反比的。

马克思批判蒲鲁东认为劳动工具的聚集就是分工的否定。马克思提出机器是劳动工具的结合，但绝不是工人本身的各种操作的组合。生产工具的聚集和分工是彼此不可分割的，劳动工具积聚，分工也随之发展，正因为这样，机械方面的每一次重大发明都使分工加剧，而每一次分工的加剧也同样引起机械方面的新发明。

机器的采用加剧了社会内部的分工，简化了作坊内部工人的职能，扩大了资本积累，使人进一步被分割。现代社会内部分工的特点，在于它产生了特长和专业，同时也产生职业痴呆。

马克思认为，生产力是基于阶级对抗的规律而发展起来的。在《哲学的贫困》中，马克思用大量篇幅来描述资本主义社会的一些现象，比如：资本主义的一般特征、社会历史道路的发展状况等。而且他提到了资本原始积累问题、工厂手工业的生产模式问题、机器大工业生产等诸多问题。他得出一个结论，在资本主义残酷的生产模式和管理状况下，大量的劳动者变为雇佣工人，长期的压榨使得工人们团结一致，开始了与资本家之间的斗争，形成一个自为的阶级。随着生产力发展范围的扩大，工人们受到来自各个行业和各个阶级资本的多重压迫，特别是地主、工业、交通的压迫。资本家为了巩固自身利益，也会联合起来形成反工人阶级的势力来抵抗工人起义。最后，马克思认为，整个社会形态是依附于社会有机体的。针对蒲鲁东认为的"特定的经济范畴的背后必然是与具体的社会形态相对"的观点，马克思指出了在每一个特定的社会有机体之下，都会形成相对应的生产关系，从而整个社会的生产关系会联结成为一个统一的整体。与此同时，一切关系都在社会有机体内相互依存和相互作用。对比蒲鲁东将观念、范畴的运动当作社会构成的方式，以特定经济范畴表征具体社会形态的做法，又与斯宾塞最初提出的"社会有机体"以生物机体作简单类比，以支配生物机体的运动规律来取代社会运动规律的做法，马克思社会有机体思想的超越性和科学性显而易见，更具超越性的实践价值和意义。

（二）批判蒲鲁东关于"竞争"和"垄断"的非动态研究观点

1. 批判蒲鲁东维护竞争永恒必然性的观点

第一，蒲鲁东一直维护竞争的永恒必然性，反对那些想以竞赛代替竞争的人们。他认为竞争是一种社会关系，人们正是在这种关系下面发展生产力。

马克思认为蒲鲁东的论断没有进行实质性的逻辑推理过程，只是过多地重复自己说过的观点，如："竞争是工业竞赛、自由的最时髦的方式、劳动中的义务、价值的构成、平等到来的条件、社会经济的原理、命运的法则、人类灵魂的必然要求、永恒公平的启示、划分中的自由、自由中的划分，是一个新的经济范畴。”

第二，蒲鲁东认为竞争就是追逐利益的竞赛，工业竞赛一定是追逐利润的竞赛。马克思认为工业竞争的对象是产品，而非利润。竞争是商业竞赛而非工业竞赛。

蒲鲁东认为因为竞争是垄断的对立物，所以竞争和联合是相互依存的。竞争有共同的目标，所以竞争是联合的，并且它是非利己主义。马克思批判蒲鲁东的观点，认为“社会”“联合”可以用于一切社会的名称，既可以用于封建社会，也可以用于资产阶级社会——建筑在竞争上的联合。同时提出利己主义的竞争同样是以共同目标为前提的，而且任何利己主义都是以社会为前提。

第三，蒲鲁东认为竞争产生贫困，酿成内战，“改变地带的自然条件”，混淆民族，制造家庭纠纷，破坏公德，歪曲公平、正义的概念和道德的概念，不仅如此，它还破坏诚实而自由的贸易，甚至也不拿综合价值、固定而诚实的价格来代替。竞争使得人人失望，经济学家们也不例外，它把事情弄到自我被破坏的地步。

马克思提出，竞争对资产阶级关系所起的影响，将随着新生产力、新社会的物质条件在它的刺激下急剧地形成而日益具有破坏性，至少在这一点上竞争的坏的一面也会有他的某些好处。

马克思认为，蒲鲁东论述的不管是关于竞争的好的一面，还是有害的、毁灭性的坏的方面，都采用极端的思维来表达，缺乏逻辑性的阐述。

2. 马克思提出资本主义时代“竞争”和“垄断”的正、反、合模型

蒲鲁东讲的只是由竞争产生的现代垄断。蒲鲁东把资产阶级的垄断当作粗野的、简陋的、矛盾的、痉挛状态的垄断，这样他就陷入了和他的哲学自相矛盾的境地。

马克思认为，竞争是由封建垄断产生的，竞争是垄断的对立面，并非垄断是竞争的对立面，因此，现代垄断并不是一个单纯的反题，相反，它是一个真正的合题。在实际生活中，我们不仅可以找到竞争、垄断和它们的对抗，而且可以找到它们的合题，这个合题并不是公式，而是运动。垄断产生着竞争，竞争产生着垄断。垄断资本家彼此竞争着，竞争者逐渐变成垄断资本家。如果垄断资本家用局部的联合来限制彼此间的竞争，工人之间的竞争就要加剧；对某个国家的垄断资本家来说，无产者群众愈增加，各国垄断资本家间的竞争就愈疯狂。合题就是：垄断只有不断投入到竞争的斗争中才能维持自己。现代垄断，资产阶级的垄断就是综合的垄断，是否定的否定，是对立面的统一。它是纯粹的、正当的、合理的垄断。

（三）批判蒲鲁东关于“所有权”或“租”的形而上学幻想

1. 批判蒲鲁东将所有权的起源问题神秘化的观点

在各个历史时代和历史条件下，所有权会随着社会关系的变化展现出不同的形态。想要给资产阶级的所有权下定义，必须描述资产阶级生产的全部社会关系。

蒲鲁东先生对于所有权理论理解为“独立的关系、一种特

殊的范畴、一种抽象的和永恒的观念”，它实际上是不科学的、形而上的，甚至是法学的幻想。

马克思认为蒲鲁东所谈论的所有权是“土地所有权”或“租”的概念，批判蒲鲁东不够了解“租”和“所有权”产生的经济原因。马克思指出蒲鲁东神秘化所有权产生的起源问题，就是神秘化生产本身和生产工具分配之间的关系。马克思认为蒲鲁东并没有遵守经济科学的规律和科学性。

2. 对李嘉图的理论体系进行批判性分析

马克思提出，蒲鲁东对李嘉图的学说用“天命的、比喻的和神秘的”语句包扎起来，他的理解是歪曲的、具有个人色彩的，我们要做的就是厘清逻辑思路。

李嘉图所说的租就是资产阶级状态的土地所有权，也就是从属于资产阶级生产条件的封建所有权。根据李嘉图的学说，一切物品的价格归根到底取决于生产费用，其中包括经营利润；换句话说，价格取决于所用劳动时间的多少。在工业生产中，使用劳动量最少的产品的价格决定着其余的同类产品的价格，因为最便宜而效率又最高的生产工具可以无限增加，而自由竞争必然产生市场价格，就是说，产生一种一切同类产品的共同价格。与此相反，在农业生产中一切同类产品的价格取决于生产中使用劳动量最多的产品的价格。首先，这里不能像工业生产中那样随意增加效率相同的生产工具的数量，即肥沃程度相同的土地数量。其次，由于人口逐渐增加，人们就开始经营劣等地，或者在原有土地上进行新的投资，这新的投资的收益比原始投资的收益就相应地减少。在这两种情况下都是用较多的劳动获得较少的产品。劳动必须增加是人口的需要造成的,因此用高价耕种的土地的产品就一定和用低价耕种的土地的产品同样有销路。但由于竞争使市场价格平均化,所以优等地的产品就要同劣等地的产品等价销售。优等地的产品价格中超过生产费用的这一余额就构成租。假如人们可以随时得到肥沃程度相同的土地,假如农业也和工业一样随时可以使用花费较少而效率较高的机器,或者假如后来的土地投资和最初的投资获得的效果相同,那么,农产品的价格就会像我们所见的工业产品价格一样,取决于最好的生产工具所生产的商品的成本。但是,这样租就会消失。

马克思认为,要使李嘉图的理论普遍正确,必须使资本能够自由运用于各生产部门;资本家之间高度发展的竞争必须使利润达到同一水平;必须使土地经营者变成普通的资本主义企业家,他要从他投入劣等地的资本中取得相当于他投资于任何工业部门时所能取得的利润;必须使土地的耕作按照大生产制度进行;还必须使土地所有者本人只想得到货币收入。这样看来,租不是把土地使用者、土地经营者变成简单的劳动者,绝不是"从佃农那里夺去他不能不视为已有的产品的余额",而且它使土地所有者面对的已不是奴隶、农奴、代役租的农民或雇农,而是资本主义企业家。自从土地所有权构成租的来源以来,土地占有者所得的就只是超过生产费用的余额,它不仅由工资而且也由经营利润决定可见,租正是从土地占有者那里夺去的一部分收入。在封建租佃者被资本主义企业家排挤以前,还经过一个很长的时期。

3. 马克思揭示"租"理论的实质

蒲鲁东认为租是被赋予"天命"的目的,为了更高的目的而从相反的角度编制成的一份巨大土地清册，其最终结果将是土地使用者和产业家平均占有土地。蒲鲁东“租”理论的实质为：在文明发展的进程中，利息不断下降，而租却又有不断上升的趋势。利息由于资本充斥而下降，租由于生产更加完善、土地使用方法日渐改进而上升。他认为租就是付给永存不灭的资本（土地）的利息。他不能在物质成分上有所扩大，只能在使用方法上不断改进。

马克思认为，只有在现代社会里，租所造成的某种土地清册才能有实际意义，建筑在租上面的土地清册是不准确的。租同时也不能作为表明一块土地肥沃的标准。在租方面，历史不仅不给我们现成的土地清册，反而经常把现有的一切土地清册加以改变或全部推翻。

马克思批判蒲鲁东认为租是天命的、平等的的观点。马克思认为，“租是资本的利息”这一论断及相关表述是不全面、不正确的。对于土地所有者来说，租是他买进土地时所付出的或卖土地时所能收回的资本的利息。但是在买卖土地时他买进或卖出的只是租。土地所有者为了取得租而付出的代价是以一般利率而定的，与租的本质无关。投入土地的资本的利息通常低于投入工商业的资本的利息。因此，如果不把土地给它的所有者带来的利息同租本身区分开来，似乎土地资本的利息比其他资本的利息还要低些。但是，问题不在租的买价或卖价，不在它的市场价值，不在资本化的租，而在租本身。租金不仅包含真正的租，而且还可能包含投入土地资本的利息。在这种情况下，土地所有者不是以土地所有者的身份而是以资本家的身份获得这一部分租金。只要土地不被用作生产资料，它就不是资本。正如所有其他生产工具一样，土地资本是可以增多的。我们不能在它的物质成分上添加任何东西，但是我们可以增加作为生产工具的土地。马克思对于土地的永恒性的观点是，我们并不反对土地作为一种物质具有这种性质，但是土地资本也同其他任何资本一样不是永恒的。

马克思总结道，土地只要产生利息，就是土地资本，但是，它既然是土地资本，也就不能提供租，就不能形成土地所有权。租是进行土地经营时所产生的社会关系的结果，与土地的自然属性无关。租来自社会，而不是来自土壤。

（四）批判蒲鲁东关于“罢工”和“工人同盟”的荒谬观点

《哲学的贫困》中马克思论述了资本主义的一般特征和社会生产的状况，资本主义社会的私有制导致不同的部门、企业归不同的资本家占有，从根本上排斥生产的统一组织。马克思在书中提出机器大工业、资本积累、工场手工业、工厂制度、分工、租等诸多经济学问题，随着资本主义经济的发展，越来越多的农民、手工业者、普通工人沦为只能出卖劳动力、体力的无产者，这些无产者在和资本家斗争中会逐渐团结起来，形成一个新的工人的阶级。

1. 批判蒲鲁东关于“工资”与“罢工”的观点

《哲学的贫困》第五节“罢工和工人同盟”中批判了蒲鲁东《贫困的哲学》第三章“第一个时期——分工”中的相关论述。蒲鲁东这一论述的中心思想就是：工人工资的普遍提高必将引起生活必需品价格的普遍上涨，工人同盟组织的以争取提高工资而进行的罢工斗争，结果除了“加剧贫困以外，不会有别的结果”。在对蒲鲁东这一谬误的批判中，马克思指出了普遍提高工资就会使利润普遍降低，而商品的市场价格却不会有任何变化。工人工资的提高导致的是资本利润的减少，而不会加剧贫困现象，所以在这里，工人阶级是为了提高工资而联合起来组成同盟，“总是具有双重目的：消灭工人之间的竞争，以便同心协力地同资本家竞争”[①]。

马克思批判蒲鲁东关于工资与罢工的观点。马克思认为，首先不可能有价格的普遍上涨。如果除去某些波动的情况，普遍提高工资的结果不会是价格普遍上涨，而是价格局部下跌，主要是用机器制造的商品的市场价格的下跌。

2. 马克思论证了无产阶级社会革命的必要性和可能性

经济学家和社会主义者在给同盟定罪这一点上是一致的，他们都认为不要结成同盟。但是同盟却也在工业经济发展的大趋势下进步和扩大，比如英国。大工业的背景下把工人聚集起来，为了维护“工资”，为了消灭工人的竞争以及资本家而联合起来进行具有政治性的斗争。被压迫阶级的存在是每一个以阶级对抗为基础的社会的必要条件，被压迫阶级的解放必然意味着新社会的建立。要使被压迫阶级能够解放自己，就必须使既得的生产力和现存的社会关系不再继续并存。在一切生产工具中，最强大的生产力就是革命阶级本身。

马克思提到，工人阶级解放的条件就是要消灭一切等级，正如第三等级即资产阶级解放的条件就是消灭一切等级一

①《马克思恩格斯文集》第1卷，人民出版社2009年版，第654页。

样。工人阶级在发展进程中将创造一个消除阶级和阶级对立的联合体来代替旧的资产阶级社会，从此再不会有任何原来意义的政权了。因为政权正是资产阶级社会内部阶级对立的正式表现。在这以前，资产阶级和无产阶级间的对抗仍然是一个阶级反对另一个阶级的斗争，这个斗争一旦达到最紧张的地步，就成为全面的革命。可见，建立在阶级对立上面的社会最终将成为最大的矛盾，将导致人们的肉搏。只有在没有阶级和阶级对抗的情况下，社会进化才不再是政治革命。而在这以前，在每一次社会全盘改造的前夜，社会科学的结论总是："不是战斗，就是死亡；不是血战，就是毁灭。问题的提法必然如此。"

总的来说，这些也就证明了被压迫阶级的无产阶级参加阶级革命斗争的历史必然性和无产阶级的历史使命。随着大工业和生产力的发展，工人阶级越来越受到来自资本的压迫，同时，资本家为了压制工人和保持利益也会联合起来并形成坚固的势力，组成资本集团。加之生产力和生产关系矛盾的愈发突出，工人阶级与资产阶级的相互对抗愈演愈烈。当经济矛盾十分尖锐时，一旦阶级斗争条件成熟，工人阶级将联起手来为了消除阶级而斗争，必将爆发全面的社会革命。

知识链接

★《政治经济学和赋税原理》★

《政治经济学和赋税原理》是英国古典政治经济学家大卫·李嘉图的政治经济学著作，该书首次出版于1817年。

全书结构比较松散。前六章是全书的重点，包罗了李嘉图政治经济学理论的主要内容；其余各章则是李嘉图理论原则的运用，或是对其原理的理解和补充。该书分析了社会中三个阶级，即地主、工人和资本家在社会产品分配方面的规律，发现商品的相对国内价值决定于生产这些产品的必要劳动量，利润与工资是互成反比例而变化的，而工资是随必需品成本的变化而变化的，还论述了其他许多问题。该书标志着古典政治经济学的完成，对政治经济学的发展起了很大作用。

延伸阅读

1. 逄锦聚等：《政治经济学》，高等教育出版社2018年版。

2. 杨圣明：《马克思主义经典作家关于劳动价值理论和剩余价值理论的基本观点研究》，人民出版社2017年版。

3. 卡尔·马克思：《剩余价值理论》，郭大力译，人民日报出版社2010年版。

4. 卡尔·马克思：《资本论（节选本）》，人民出版社2018年版。

深度思考

1. 马克思的劳动价值论和剩余价值学说对以亚当·斯密和大卫·李嘉图为代表的资产阶级古典政治经济学家的学说有哪些创新性发展和批判性超越？

2. 马克思在本章批判了蒲鲁东对货币本质的错误理解，请谈谈马克思对货币的起源和发展历程的阐述。

3. 马克思在《哲学的贫困》中阐述的政治经济学观点与后来系

统形成的马克思主义政治经济学理论有哪些异同？

4. 马克思从哪几个方面批判了蒲鲁东政治经济学的伪辩证法？马克思对蒲鲁东政治经济学方法批判的意义是什么？

Reading & Interpretation
大家写小书·马恩经典著作新读

第 三 章

《哲学的贫困》的历史意义

恩格斯指出："一个民族要想站在科学的最高峰，就一刻也不能没有理论思维。"[①]习近平总书记引用这句名言并指出："中华民族要实现伟大复兴，也同样一刻不能没有理论思维。"[②]从马克思主义理论体系形成发展的历史来看，撰写《哲学的贫困》是其十分重要的节点。它的问世不仅标志着马克思已经系统形成了历史唯物主义思想，并在清算以蒲鲁东为代表的小资产阶级社会主义思想中加以充分运用，更为日后完成《资本论》撰写，深入进行政治经济学批判，孕育产生科学社会主义思想，起到了承前启后、继往开来的作用。

一、坚持历史唯物主义，揭露批判以蒲鲁东为代表的唯心主义历史观

从1843年的《德法年鉴》、1844年完成《经济学哲学手稿》到1845年创作《神圣家族》和《关于费尔巴哈的提纲》，再到1846年与恩格斯合著《德意志意识形态》，马克思始终在哲学方面加以深刻思考。他批判吸收了德国古典哲学家康德、黑格尔等人的思想，并针对其偏执于抽象思辨的思维方式，逐步建构起植根于现实生活的历史唯物主义。虽然这种"新世界观"尚未完全成熟，但这种立足于现实的思想观念已经在根本上彻底扬弃和超越了传统思辨哲学，旨在实现改变世界的目的。

相比之下，和西方大多传统哲学思想家一样，蒲鲁东仍沉

---

①《马克思恩格斯文集》第9卷，人民出版社2009年版，《第九卷说明》第4页。

② 习近平：《在纪念马克思诞辰200周年大会上的讲话》，人民出版社2018年版，第15页。

醉于用唯心史观来解释世界，试图通过康德二律背反的抽象逻辑手法，拙劣地模仿黑格尔建构“绝对精神”的手段。他根据“无人身的人类理性”[1]企图对社会不平等现象（即在当时法国出现的日趋严峻的贫富差距和绝对贫困现象）作出实证解读和合理解释，从而为社会主义运动提供理论方案。蒲鲁东将贫困的根源归结为抽象的所有权，认为“财产就是盗窃”。他把现实的历史运动全部硬塞进虚构的逻辑框架里，对分工、机器、竞争、垄断、税收、对外贸易、信用、人口等一系列经济范畴进行排列组合和推演，最终把实现平等看作是一种在纯粹理性状态下达成的**“原始的意向、神秘的趋势、天命的目的”**[2]。为揭露蒲鲁东此种“可笑的哲学”弊端，马克思立足唯物史观，从“现实的个人”出发，阐释社会关系的存在，继而坚定阶级对抗的立场，为工人运动提供理论武器。

知识链接 ……………………………………………………………

★ 唯心史观与唯物史观 ★

唯心史观与唯物史观，又称为“历史唯心主义”与“历史唯物主义”。

唯心史观是指把社会现象及其发展的终极原因归结为精神因素的社会历史观。它主张社会意识决定社会存在，否定物质资料生产方式是社会存在和发展的决定力量。唯心史观有两种理论形态：一种是主张某种神秘的精神实体决定历史发展的客观唯心主义，例如，黑格尔用“绝对观念”解释社会历史的发展；另一种是主张人的

①《马克思恩格斯文集》第1卷，人民出版社2009年版，第608页。

②《马克思恩格斯文集》第1卷，人民出版社2009年版，第611页。

主观意志决定历史发展的主观唯心主义，用个别人物的意志来解释社会发展的“英雄史观”“天才史观”“超人哲学”等都是其表现。

唯物史观是马克思和恩格斯在19世纪中期创立的，与剩余价值学说并称为马克思的两个伟大发现。唯物史观阐明了物质生活资料的生产活动是人类社会赖以生存的前提；社会基本矛盾即生产力与生产关系、经济基础与上层建筑之间的矛盾是社会发展的内在动力；人民群众是历史的创造者，等等。它第一次把社会历史的研究奠定在科学的基础上，宣告了唯心史观的破产，使社会主义从空想变为科学，为无产阶级和人民群众认识世界和改造世界提供了强大思想武器。

（一）从“现实的个人”出发，批判蒲鲁东抽象的“人类理性”

早在写作《德意志意识形态》时，马克思就明确指出，“全部人类历史的第一个前提无疑是有生命的个人的存在”[①]，“它的前提是人，但不是处在某种虚幻的离群索居和固定不变状态中的人，而是处在现实的、可以通过经验观察到的、在一定条件下进行的发展过程中的人”[②]。在《哲学的贫困》中，马克思也认为现实的个人是社会历史的主体。同时，现实的个人又对社会历史发展起着双重作用，即既是“剧中人物”又是“剧作者”[③]，也就是说现实的人既创造历史，又是后一个时代的人创造历史的前提。因而人是具体的、实践的、活动的，每个人

①《马克思恩格斯选集》第1卷，人民出版社2012年版，第146页。

②《马克思恩格斯选集》第1卷，人民出版社2012年版，第153页。

③ 参见《马克思恩格斯文集》第1卷，人民出版社2009年版，第608页。

的生活和发展，总会以一定社会关系为依据，都会受到历史条件的制约，不存在“超历史”“超阶级”的个人。

而蒲鲁东将历史的出发点诉诸为“人类理性”，撇开所有历史的、现实的条件，把人类社会的历史归结为意识发展的过程，认为“人类的事实”是“观念的化身”[①]，即“一切秩序都必然有一个智慧在指挥”[②]。而此过程便是由绝对理性推动或“社会天才”发现的。在“人类理性”的支配下，人类社会的历史并不是客观实在，而是一种抽象的表现形态。因此，人类的生产生活和社会交往都不是基于现实需要而发生的，其实现是因为受到一种外在力量支配。因此，蒲鲁东认为，“理性的第一个判断以及一切正在寻求认可和依据的政治制度所必需的前提，就是必然要有一位上帝存在”[③]，所以社会的历史无非是一个确定上帝观念的漫长过程，与现实的个人并无关系。为了说明这一点，蒲鲁东还用普罗米修斯的“创世记”来形容社会的发展，在“人类理性”的作用下通过一个个二律背反创造出分工、机器、竞争、垄断等经济范畴，使人的生活范围由感官领域扩展到道德、文化领域。

因此，要对蒲鲁东进行批判，马克思就按照他的思路，先假定“人类理性”能够先于社会生产而存在，但是这种通过思辨方式建构社会的最终结果也就是一种停滞不前的抽象运

---

① 参见[法]蒲鲁东：《贫困的哲学》(上)，余叔通、王雪华译，商务印书馆2010年版，第167页。

② [法]蒲鲁东：《贫困的哲学》(上)，余叔通、王雪华译，商务印书馆2010年版，第18页。

③ [法]蒲鲁东：《贫困的哲学》(上)，余叔通、王雪华译，商务印书馆2010年版，第26页。

动，仅仅只是观念上的历史，“一切都在理性的纯粹以太中进行。一切都应当通过辩证法从这种以太中产生”[1]。蒲鲁东既没有描述现实的历史进程，没有看到现实的个人所发挥的实际作用，也不能解释清楚观念的演进，最终只能掉进他自己进行逻辑序列堆砌后产生的陷阱，即“各种观念在辩证运动中不能互相‘区分’，那么他就一笔勾销了运动的影子和影子的运动”[2]，开始模糊现实与观念之间的关系。因此，只有把现实的个人当作历史真正的出发点，否定“与观念顺序相一致的历史”，这种虚构所形成的自相矛盾才能避免，才能合理解释社会历史的进程。

（二）关注个人与社会的关系，批判蒲鲁东空洞的“经济进化的系列”

现实的个人不断地进行生产活动，促进人与人之间进行交换、分工、消费等活动以加深彼此联系，从而使整个社会处于相互联系之中，推动社会运动及其结构形成。马克思曾在1846年回信安年科夫时就谈到：“社会是人们交互活动的产物。”[3]只有人们的生产力及社会关系越发展，历史才越能成为人类的历史，所谓“人们的社会历史始终只是他们的个体发展的历史”[4]。但是人们并不能自由选择社会形式，因为人本身的生产力“决定于人们所处的条件，决定于先前已经获得的生产力，决定于在他们以前已经存在、不是由他们创立而是由前

①《马克思恩格斯选集》第1卷，人民出版社2012年版，第226页。

②《马克思恩格斯文集》第1卷，人民出版社2009年版，第608页。

③《马克思恩格斯文集》第10卷，人民出版社2009年版，第2页。

④《马克思恩格斯文集》第10卷，人民出版社2009年版，第43页。

一代人创立的社会形式”[①]。这是一个最基本的历史逻辑，正如后来在《共产党宣言》中讲的那样：“每个人的自由发展是一切人的自由发展的条件。”[②]

尽管蒲鲁东也认识到个人与社会的存在，但由于机械地掌握了德国古典哲学的思辨方式，运用了“冒牌的黑格尔词句”，仍认为“人不过是观念或永恒理性为了自身的发展而使用的工具”[③]，而个人与社会的联结便由“人类理性”所支配，是上帝意志的安排。因此，蒲鲁东机械地照搬辩证法，把分工、机器、竞争、垄断、警察和捐税等十个经济社会范畴划分出好和坏两个方面，形成“永恒理性的一系列经济进化”[④]。他简单地认为只有将这些经济社会范畴中好的方面加以保存，同时消除坏的方面才能推动社会进步。例如“机器”好的一面在于减轻劳动，而坏的一面在于排挤工人。为防止对工人的过度压榨，蒲鲁东引入了“竞争”这一经济社会范畴，因为人力资源和机器技术都是参与竞争的重要因素。再如“垄断”好的一面是构成社会财富，而坏的一面在于产生掠夺现象和造成贫困。为防止贫富差距拉大，蒲鲁东又提出经济社会需要国家暴力机器和捐税的手段。如此等等，蒲鲁东就这样把十个经济社会范畴逐一取来，把后一个范畴作为前一个范畴的“消毒剂”，写出了整整两卷本的“经济矛盾体系”。

在马克思看来，这个“经济进化的系列”只不过是现实生

---

①《马克思恩格斯文集》第10卷，人民出版社2009年版，第43页。

②《马克思恩格斯选集》第1卷，人民出版社2012年版，第422页。

③《马克思恩格斯文集》第10卷，人民出版社2009年版，第44页。

④《马克思恩格斯文集》第10卷，人民出版社2009年版，第45页。

产关系的一种理论表现，是一种"美妙的同义反复"[①]，是"历史的、暂时的产物"[②]，毫无现实意义。马克思以支撑资产阶级工业基础的直接奴隶制为例进行反驳，奴隶制一方面直接极大促进了现代工业、殖民经济和世界贸易的发展，另一方面却同自由之间进行着对抗。按照蒲鲁东的思想，奴隶制是一种经济范畴，只能保存其"好的方面"而消除"坏的方面"。然而奴隶制度与自由之间的对抗却是由奴隶制度本身所引发的，无法通过创造新的经济范畴加以解决。历史上南北战争废除黑人奴隶制就足以说明：消除"坏的方面"必须要通过"社会行动"来实现，"生产方式，生产力在其中发展的那些关系，并不是永恒的规律，而是同人们及其生产力的一定发展相适应的东西，人们生产力的一切变化必然引起他们的生产关系的变化"[③]。

（三）以阶级对抗为基本立场，批判蒲鲁东虚无的"政治冷淡主义"

在厘清个人与社会的现实关系，阐发出生产力与生产关系这一对社会基本矛盾后，马克思在《哲学的贫困》中也指出这对基本矛盾在阶级社会中的表现形式为阶级对抗。在他看来，阶级才是一定社会生产关系的现实产物，任何阶级的形成都植根于一定社会生产关系的发展之中。因此，无论对于封建社会还是资本主义社会，都必须要根据"以对抗为基础的生产方式来考察"。因为"当文明一开始的时候，生产就开始建立在级别、等级和阶级的对抗上，最后建立在积累的劳动和直

①《马克思恩格斯文集》第10卷，人民出版社2009年版，第50页。

②《马克思恩格斯文集》第1卷，人民出版社2009年版，第603页。

③《马克思恩格斯文集》第1卷，人民出版社2009年版，第613页。

接的劳动的对抗上。没有对抗就没有进步”[①]。所以，在资本主义生产方式的发展过程中，越来越多的劳动者会变为雇佣工人，而这些工人会在和资本家的斗争中逐渐团结起来，形成一个“自为的阶级”，与资产阶级对抗。

可是在蒲鲁东的脑海中却始终不明白社会关系“同麻布、亚麻等一样，也是人们生产出来的”[②]，因而否定阶级及其对抗的存在。他认为“研究社会经济的规律就是创立有关理性规律的理论，就是创立哲学”。对于分工出现的对抗性后果、机器对人的束缚、竞争的破坏性作用、垄断的灾难和信用带来的价值虚构等社会问题，只能用形而上学的“系列”方法找到解决出路。蒲鲁东早在给马克思的回信中就说明“通过经济的组合把原先由于另一种经济组合而溢出社会的那些财富归还给社会……用文火把私财烧掉总比对它施加新的力量实行大屠杀要好些”。[③]后来，马克思将这种极力鼓吹阶级对抗无效性，并诱导工人阶级不参加任何形式的斗争的思想，定性为“政治冷淡主义”。作为“法国小资产阶级的科学解释者”，蒲鲁东就是在号召无产阶级应该成为资产阶级国家的最忠顺的仆役，应该温顺有礼地等待着社会清算。

对此虚化现实、放弃阶级的思想，马克思坚定地认为“没有对抗就没有进步。这是文明直到今天所遵循的规律”[④]。并且他从唯物史观的历史性思想出发，举出英国工业革命时期

---

①《马克思恩格斯全集》第4卷，人民出版社1958年版，第104页。

②《马克思恩格斯文集》第1卷，人民出版社2009年版，第602页。

③ 参见郝立新主编：《马克思主义发展史（第一卷）——马克思主义的创立（1840—1848）》，人民出版社2018年版，第398页。

④《马克思恩格斯全集》第4卷，人民出版社1958年版，第104页。

苏格兰“羊吃人”的圈地运动，揭示资产阶级社会中的生产、交换、消费都是建立在阶级对抗这一事实上，进而批判了蒲鲁东虚构经济事实而主张实现价值“比例性关系”的幻想观点。这种“在自由、自治、无政府状态的名义下加以神话的唯心主义幻想”，其本质就是对社会空想的庸俗描绘，非但不利于社会平等的实现，反而成了社会革命的阻碍。对此，马克思深刻发问：**“单凭运动、顺序和时间的唯一逻辑公式怎能向我们说明一切关系在其中同时存在而又互相依存的社会机体呢？”**①

知识链接 ……………………………………

★ 政治冷淡主义 ★

“政治冷淡主义”出自1873年1月马克思为批判巴枯宁、蒲鲁东所代表的社会思潮而所著的《政治冷淡主义》一文。在这篇文章中，马克思将像蒲鲁东主义者一样极力鼓吹工人阶级进行政治斗争的无效性，并诱导工人阶级不要参加任何形式的政治斗争的错误思潮定性为“政治冷淡主义”。而这种思潮起源于巴黎公社革命失败，工人运动遭到资产阶级政府的镇压、迫害，随之陷入低潮。在此情况下，巴枯宁自诩“蒲鲁东是工人运动的导师”，宣扬无政府主义，对工人运动造成极大的消极影响，使第一国际面临瓦解和分裂的危险。

为了批判这一思潮，马克思应《人民报》编辑恩·比尼亚米之约撰写了《政治冷淡主义》。马克思首先列举了政治冷淡主义在政治、经济、文化等方面的主张。这些主张包括，工人阶级不应该组建工会和政党、过问政治、参加示威游行活动，不应该争取缩短工作时

---

①《马克思恩格斯文集》第1卷，人民出版社2009年版，第604页。

间，不应该为女工和童工争取权利而斗争，不应该采取革命的政治斗争形式来推翻资产阶级专政，等等。《政治冷淡主义》的发表，揭开了政治冷淡主义的面纱，使其暴露在世人眼前，成为批判无政府主义的思想武器，为无产阶级提供了理论指导。

二、重塑政治经济学，科学揭示资本主义生产方式及其内在运行规律

17世纪初，伴随工场手工业的发展，自然经济开始向商品经济过渡，社会中出现分工、资本积累等现象。1615年，法国早期重商主义者蒙克莱田发表《献给国王和王后的政治经济学概论》，最早使用“政治经济学”一词，标志着政治经济学出现，开始研究国家范围和社会范围的经济问题，以揭示社会中支配物质生活资料的生产和交换的规律。17世纪中叶以后，英国、法国逐渐发展工业生产，社会生产方式得到有效变革。对此，一批资产阶级古典经济学家，如威廉·配第、亚当·斯密、大卫·李嘉图都相继投身政治经济学研究，对劳动、价值、商品、交换、竞争等经济范畴进行逐一分析解释。然而，由于缺乏历史唯物主义的理论武器，这些经济学家更多的是对表面的“物与物之间的关系”进行研究，而不是透过“物与物的关系”去深入把握背后隐藏的“人与人之间的社会关系”。

对此，蒲鲁东更早地介入政治经济学批判，如他认为“价值表示的主要是一种社会关系”。但是他批判的方法却是和黑格尔的形而上学一样，尝试将政治经济学与社会主义进行“合题”来建构“社会经济学”。他主张研究经济事实，但认为

首要是“找出它们的精神所在，阐明它们的哲理”，而对于研究劳动和交换的规律，他却嗤之以鼻，误以为此就是“形而上学”。这显然是抛弃了现实的经济关系而进行的虚假判断。因此，马克思才在《哲学的贫困》序言中写下：**“我们在做这件不讨好的工作时常常不得不放下对蒲鲁东先生的批判，而去批判德国的哲学，同时还要对政治经济学作某些评论。”**[①]

（一）发展“劳动是价值之源”的观点，批判蒲鲁东虚构的“构成价值”

在政治经济学史中，威廉·配第最先认识到价值起源于一般劳动。随后亚当·斯密在《国民财富的性质和原因的研究》一书中也阐明“只有劳动才是价值的普遍尺度和正确尺度”，然而他却总将商品的交换价值和商品的价值等同起来，并把商品所能购买的劳动量和生产商品时所耗费的劳动并列起来使用。对此，李嘉图特别指明价值的二重性，区分交换价值与价值。前者是两种商品的交换关系，而后者体现为生产商品所必需的劳动量，但却通过前者表现出来。因为李嘉图所处的时代，机器普遍使用、生产效率提高，使得商品的价值及其价格都在降低，而商品所能购买的劳动量和交换价值也在不停地变化。所以，他又提出：商品的交换价值与生产商品所耗费的劳动量成正比，与劳动的生产率成反比；无论在任何条件下，商品的价格总会围绕价值而上下波动。这些关于劳动价值的观点被马克思所接受和发展，继而作为批判蒲鲁东的重要工具。

①《马克思恩格斯全集》第4卷，人民出版社1958年版，第75页。

在蒲鲁东看来，揭示价值的二重性必须通过“历史的叙述的方法”[1]加以应用，必须揭开使用价值与交换价值的奥秘。然而他在解释交换价值的来源时却完全撇开了商品交换发展的实际历史，认为“鲁滨逊式”的孤独状态下的生产者自发地“就向别人，即向各行各业我的合作者建议”，进行分工和交换。此外，他更是将使用价值和供给、交换价值和需求混为一谈，将二者的矛盾看作是个人自由意志所引起的。而为了合理地解决价值的二律背反，必须找到一套协调公式，即他吹嘘为科学上的伟大发现的“构成价值”。而随后他花费了大量篇幅讨论构成价值的成因、决定因素、形成过程、作用等，到头来只是抽象地讨论交换价值及其运动。因此，马克思认为，“蒲鲁东对整个问题的基础——交换价值的理解始终是模糊、错误和不彻底的，他还把对李嘉图的价值理论的空想主义解释误当做一种新科学的基础”[2]。相比李嘉图以现实为起点，指明社会怎样构成价值，蒲鲁东则是采取绕圈子、叙述、想象的方式来推测构成价值如何成为社会现实的前提性因素，实际上他并没有正确地区分“劳动价值”与“劳动价值的产品”，所以“李嘉图的价值论是对现代经济生活的科学解释；而蒲鲁东先生的价值论却是对李嘉图理论的乌托邦式的解释”[3]。值得注意的是，尽管此时的马克思对劳动过程的复杂性有所认识，但尚未提出劳动价值论的科学理论，此时对于李嘉图的观点，马克思也大多采取接受的态度，而科学的劳动价值论则留待

①《马克思恩格斯全集》第4卷，人民出版社1958年版，第80页。

②《马克思恩格斯文集》第3卷，人民出版社2009年版，第20页。

③《马克思恩格斯全集》第4卷，人民出版社1958年版，第93页。

在《资本论》中完成。

（二）探寻剩余价值的来源，戳穿蒲鲁东“劳动的剩余”假象

作为马克思“两个伟大发现”之一的“剩余价值理论”虽然在《哲学的贫困》中并没有完全阐发出来，但是马克思已在尝试寻找资本家与雇佣工人之间的问题症结所在，探寻“剩余价值”的来源，从而为日后系统撰写《资本论》奠定基础。尽管科学的劳动二重性理论还没有提出，马克思却依然能够从现实的历史范畴里窥探出资本家剥削的秘密，进而戳穿蒲鲁东用构成价值造成“劳动的剩余”的假象。

按照蒲鲁东的构想，构成价值就是各种元素按照一定的规律在财富整体组成中的比例性关系或尺度，价值的构成过程所遵循的规律则是价值比例规律。如果这条规律能在交换中被严格遵守，即“任何产品的价值都等于它的成本，产品必须用产品来购买”[①]，也就是任何人的劳动都可以购买这种劳动所包含的价值，“平等”就能实现。随即蒲鲁东谈到：只有价值比例规律才能说明“任何劳动必有剩余”这一经济学家公认的定理。而为了说明这一论点，他又不惜第二次拉出了“创世”的普罗米修斯。

对于这个荒诞缺乏经济学常识的虚构，马克思指出本质在于“他们不乐意看到把现代经济关系赤裸裸地揭露，把资产阶级最大的秘密戳穿”[②]。在劳动就是商品的资本主义社会

① [法]蒲鲁东：《贫困的哲学》(上)，余叔通、王雪华译，商务印书馆2010年版，第122页。

②《马克思恩格斯全集》第4卷，人民出版社1958年版，第94页。

里，劳动的价值仅仅是由那部分供给工人活命和延续后代所必需的劳动时间来衡量的。因而，“工资的最低额是直接劳动的自然和正常的价格”[①]。即便它有时会超过“自然价格”，但这不过是受供求关系波动影响而造成的后果。在资本主义社会中，工资的最低额始终是市场价格趋向的中心。因此，蒲鲁东在价值比例关系衡量的问题上所犯的致命错误就是“把以下两种衡量的方法混为一谈：一种是用生产某种商品所必要的劳动时间来衡量，另一种是用劳动价值来衡量”[②]。

马克思鲜明地发现：工人劳动所创造出的价值永远比他由于劳动从资本家手中所取得的价值大，两者之间存在一个明显的差额，这就为揭示资本家剥削工人的秘密指示了一条正确的道路。正如恩格斯在回忆中说，马克思在1847年所作的《哲学的贫困》中“不仅已经非常清楚地知道‘资本家的剩余价值’是从哪里‘产生’的，而且已经非常清楚地知道它是怎样‘产生’的”[③]。与蒲鲁东完全相反，马克思认为研究剩余价值不应该从生产的结果出发，不应该从已经包含剩余价值的商品价值出发，而是从资本主义的生产过程，从劳动过程和价值增殖过程中出发，只有在这样考察时，生产力发展才能成为产生剩余价值的前提。

（三）明确政治经济学的研究对象，重视“人与人之间的关系”

对政治经济学研究的对象，不同的派别有不同的认识。

---

①《马克思恩格斯全集》第4卷，人民出版社1958年版，第101页。

②《马克思恩格斯全集》第4卷，人民出版社1958年版，第98页。

③ 马克思：《资本论（纪念版）》第2卷，人民出版社2018年版，第12页。

随着资本主义商品经济的发展，加强了对外贸易从而产生的重商主义认为，商人从狭隘的直接经验出发，对金银的顶礼膜拜，把流通领域中的货币作为他们研究的重点。随着资本主义发展，资产阶级逐渐从流通领域转到生产领域，于是出现了重农学派，重农学派则把货币或金银赶下了财富的舞台，把农业部门生产出的剩余产品——“纯产品”等财富的积累作为他们研究的中心。重农学派突破了重商主义的理论局限，把关注的重心从流通领域转到了生产领域，从对象转到了主体创造财富的劳动。而古典政治经济学从“劳动”是生产的真正灵魂这一点出发，扬弃了重商主义和重农主义各自的狭隘观点。但是，无论是重商学派、重农学派还是古典政治经济学，由于它们没有从历史唯物主义的角度去看待生产和流通，因而都无法自觉地确定政治经济学的研究对象。

蒲鲁东认为：“经济理论有它自己的逻辑顺序和理性系列。”他从黑格尔式的唯心主义历史观出发，把历史说成是观念的历史，是一种普遍理性的自我表现。进而，他将一系列经济学范畴看成是先验的观念和思想的产物，而现实的经济关系只不过是睡在“无人身的理性”的怀抱里的一些原理或范畴的化身。这样，他就完全颠倒了范畴与现实的关系。蒲鲁东的这种观点使得他既不能正确地理解历史的发展，又无法科学地认识政治经济学的研究对象。因此，蒲鲁东的政治经济学研究的并不是现实的社会经济关系。他认为自己的经济学范畴的排列顺序正是“适应观念顺序的历史”，只要发现和认识了这些范畴的历史，现实的经济运动的历史就会自然而然地被把握了。所以，蒲鲁东所确立的政治经济学的研究对象，不是现实的经济关系及其运动规律，而是理性本身。

马克思对蒲鲁东的这种唯心主义观点进行了深刻的批判，他指出："由于蒲鲁东先生把这些关系看成原理、范畴和抽象的思想，所以他只要把这些思想（它们在每一篇政治经济学论文末尾已经按字母表排好）编一下次序就行了。经济学家的材料是人的生动活泼的生活；蒲鲁东先生的材料则是经济学家的教条。"①他还说："谁用政治经济学的范畴构筑某种意识形态体系的大厦，谁就是把社会体系的各个环节割裂开来，就是把社会的各个环节变成同等数量的依次出现的单个社会。"②马克思在对蒲鲁东进行批判的同时，提出了科学的政治经济学研究的对象，对经济范畴有了科学的认识。他指出："人们按照自己的物质生产率建立相应的社会关系，正是这些人又按照自己的社会关系创造了相应的原理、观念和范畴。"③这是马克思在政治经济学的发展史上第一次正确地解决了关于政治经济学的研究对象问题。

知识链接 ……………………………………………………………

★ 英国古典政治经济学 ★

英国古典政治经济学是17世纪中叶至19世纪30年代初，在英国产生的阐述资本主义生产关系的基本内容及内部联系，反映新兴

①《马克思恩格斯文集》第1卷，人民出版社2009年版，第598—599页。

②《马克思恩格斯文集》第1卷，人民出版社2009年版，第603—604页。

③《马克思恩格斯选集》第1卷，人民出版社2012年版，第222页。

资产阶级利益和要求的经济思想，也是马克思主义政治经济学的直接理论来源。其代表人物主要有威廉·配第（1623—1687）、亚当·斯密（1723—1790）和大卫·李嘉图（1772—1823）。

英国古典经济学家开创性地把理论考察由流通领域转到生产领域，奠定了劳动价值论的基础。如：斯密已经认识到商品的二因素，提出劳动创造价值的观点；李嘉图认识到决定商品价值量的，不是生产商品实际耗费的劳动量，而是社会必要劳动量。但是，英国古典政治经济学的劳动价值论是极不完善和极不彻底的，其未能揭示商品的本质属性，不能区分劳动的二重性；不能清楚地说明价值与交换价值的内在联系，混淆了价值与生产价格；不懂得价值的实质，只能将价值仅仅理解为解释商品价格的工具。结果，其在价值的质、价值的量、价值的表现形式等重大理论问题上出现混乱和错误。马克思批判性地改造了英国古典政治经济学，吸取了亚当·斯密和大卫·李嘉图劳动价值理论中的积极成果，建立了科学的劳动价值论，并在此基础上进一步创立了剩余价值论。

三、产生科学社会主义萌芽，清算小资产阶级思想对工人运动的影响

在马克思看来，蒲鲁东像其他空想主义者一样，只是追求一种先验地构想某种解决社会问题的科学公式，而不是从对历史运动的批判中得出科学的认识。而这种忽视变革社会却又追求社会平等的观点在本质上体现着小资产阶级的利益。小资产阶级经常在革命队伍中表现出“两面性”，一方面其受到大资产阶级的剥削而与无产阶级联合起来，这体现出一定

的革命性；但另一方面作为小资产者，其又渴望维护私有制从而实现自身的发财致富，因而打着“社会主义”的幌子，通过虚假说教和收买方式来消弭无产阶级的革命斗志。

蒲鲁东就是其最典型的代表，既会迷恋于大资产阶级的奢华，又同情人民的苦难，“经常在资本和劳动、政治经济学和共产主义之间摇来摆去”[①]。也就是说，他一方面希望成为社会主义者，另一方面又渴望成为经济学家。所以他在《贫困的哲学》中运用一系列科学公式企图揭示社会贫困的原因并提出实现社会平等的幻想办法，却完全忽视了变革社会的现实的运动。这必然会将当时欧洲工人运动引入歧途。为了清算这种小资产阶级思想对工人运动的腐蚀影响，马克思在《哲学的贫困》中逐渐阐发出科学社会主义的立场、观点和方法，在1848年《共产党宣言》中又一次对此“资产阶级的社会主义”[②]进行公开批判。

知识链接 ……………………………………………………

★ 科学社会主义 ★

科学社会主义是指关于无产阶级解放运动发展规律的科学。广义上泛指马克思主义，狭义上指马克思主义三个组成部分之一。其诞生于19世纪三四十年代，随着大机器生产的迅猛发展，资本主义在欧洲逐渐占据统治地位，资本主义基本矛盾也日益显露出来，无产阶级和资产阶级的斗争上升为社会主要矛盾。法国里昂工人

---

①《马克思恩格斯文集》第3卷，人民出版社2009年版，第20页。

②《马克思恩格斯选集》第1卷，人民出版社2012年版，第429页。

起义、英国工人宪章运动、德国西里西亚纺织工人起义等工人运动不断高涨，迫切需要科学的理论指导。同时，19世纪自然科学和社会科学的新发展，特别是以圣西门、傅立叶和欧文为代表的空想社会主义学说抨击资本主义制度的弊端，为科学社会主义理论的创立准备了条件。

马克思和恩格斯批判地继承了人类优秀思想文化成果，实现了社会主义同工人运动相结合，使社会主义由空想发展为科学。1848年，马克思和恩格斯共同起草的《共产党宣言》的发表，标志着科学社会主义的诞生。为了同当时流行的各种“社会主义”流派相区别，他们将自己的学说称为“共产主义”或“革命的社会主义”。1873年恩格斯在《论住宅问题》一文中使用了“德国科学社会主义”这一名称，其后马克思在《巴枯宁〈国家制度和无政府状态〉一书摘要》中使用了“科学社会主义”一词。

（一）揭示工人运动及无产阶级结成同盟的必要性

现实的生产力的发展就是在阶级对抗中实现的。与封建地主阶级相比，资产阶级曾经是代表先进生产力的革命阶级。但是当其把“在封建主义统治下发展起来的生产力掌握起来。一切旧的经济形式、一切与之相适应的市民关系以及作为旧日市民社会的正式表现的政治制度都被粉碎了”[①]，也就是当自己成为统治阶级之后，资产阶级这个过去的“革命阶级将成为保守阶级”[②]，将面临代表更先进生产力的新的被统

①《马克思恩格斯文集》第1卷，人民出版社2009年版，第613页。

②《马克思恩格斯选集》第1卷，人民出版社2012年版，第233页。

治阶级的反对。而在资本主义社会中，将否定资产阶级的新的革命阶级就是无产阶级。这一阶段，开展工人运动并结成同盟正是无产阶级最初试图同资本家反抗所采取的普遍形式。

然而蒲鲁东虽始终以“革命者”自居，可在《什么是所有权》《贫困的哲学》中强烈反对任何形式的暴力革命，他不仅认为工人运动的做法无济于事，只会带来血和灾难，而且还将共产主义阐释成经济矛盾体系中的乌托邦。在他看来，只有社会产品完全根据他所设计的“价值比例规律”进行交换，才能实现整个社会的公平正义。所以，工人应该放弃革命抗争，而应采取和平交涉、建立银行、提供贷款等方式达到改造社会的目的。

马克思认为这种试图调和资产阶级和无产阶级、否定无产阶级斗争的合法性与社会性的说法是绝对错误的。他指出，“建筑在阶级对立上面的社会最终将导致剧烈的矛盾、人们的肉搏”[①]，这种矛盾不是某种观念或经济范畴自身二律背反在现实中的表现，而是现实的产物。现代大工业的发展将大批互不相识的工人聚集在一起，为了在与资本家的斗争中维护自己的利益，这些彼此之间存在竞争关系的工人不得不联合起来。这些联合起初可能只是以实现工资的上涨为斗争目的，但是随着斗争的深入，工人逐渐意识到，面对“经常联合的资本”[②]，维护工人之间的联盟比实现暂时的工资上涨更为重要。一旦工人运动发展到这一步，那么工人的联盟就会具

①《马克思恩格斯选集》第1卷，人民出版社2012年版，第275页。

②《马克思恩格斯文集》第1卷，人民出版社2009年版，第654页。

有政治性质。总之，资产阶级的对立面是无产阶级，无产阶级是资本主义生产方式的产物，正是因为资本的存在才将一些人转变为具有共同利害关系的雇佣劳动者，这些人相对于资本来说已经形成一个阶级。这个阶级要实现自发到自为的转变，就必须要联合起来同资产阶级进行斗争。

（二）阐释无产阶级进行革命运动的必然性

革命是历史的火车头。随着资本主义发展，社会生产依然是建立在等级差异和阶级对抗的基础之上，依然存在着剥削压迫的现象，依然存在着少部分非劳动者对广大直接劳动者的压榨。这种秩序颠倒、充满不公的社会也依然会诉诸暴力革命的手段来调整，使最先进的社会生产力得以解放，使最广大的被压迫阶级能够解放自己。

可在蒲鲁东看来，劳动者与资本家之间进行殊死的斗争，完全是徒劳之举。他主张每个人只要都有一份劳动工作来谋生，每个人都分享一份相等的财产，并在此基础上通过自由平等的交换，社会就会从不平等走向平等。所谓“这种对抗性质表现得越明显，经济学家们，这些资产阶级生产的学术代表就越和他们自己的理论发生分歧，于是形成了各种学派”[①]，蒲鲁东这种温和的改良主张正好迎合了这些学派的需要。针对他们对富有阶层的仇视，蒲鲁东主张废除所有权制度和重新分配私有财产，并提议采取无政府主义的方针，让人民直接代表自己行使社会管理的职能。针对劳动与交换存在不平等的状况，他主张互助式的联合，建立合作社、作坊或小工厂把小生

① 《马克思恩格斯全集》第4卷，人民出版社1958年版，第156页。

产者联合起来，让生产者按照劳动价值交换自己的劳动产品。然而这些都是构筑在一种效仿黑格尔“绝对平均主义”的经济学基础上，不是从历史和现实出发的虚假空想。

阶级斗争是阶级社会中社会基本矛盾的表现形式，是阶级社会发展的直接动力。在马克思看来，“要使被压迫阶级能够解放自己，就必须使既得的生产力和现存的社会关系不再能够继续并存”，“革命因素之组成为阶级，是以旧社会的怀抱中所能产生的全部生产力的存在为前提的”[①]。这就说明为了把社会生产变为一种广泛的和谐的自由合作劳动的制度，必须进行全面的社会变革，即革命运动。马克思认为蒲鲁东的主张完全没有建立在阶级对立基础上，从而变成了“资产阶级中的一部分人想要消除社会的弊病，以便保障资产阶级社会的生存”[②]的虚假。因此，马克思在最后引用乔治·桑在《扬·杰士卡》中所写的“不是战斗，就是死亡；不是血战，就是毁灭”[③]。整个社会生产交换的条件是建立在阶级对抗基础之上的。只有将社会制度基础进行彻底变革，从而组织起国家社会的力量，国家政权才会从资本家和大地主手中转移到最广大人民的手中。

（三）指明无产阶级革命所争取的最终目标

马克思在《哲学的贫困》中指出，无产阶级革命的后果绝不是重蹈历史的覆辙，即“旧社会崩溃以后就会出现一个表现

①《马克思恩格斯选集》第1卷，人民出版社2012年版，第274页。

②《马克思恩格斯选集》第1卷，人民出版社2012年版，第429页。

③《马克思恩格斯文集》第1卷，人民出版社2009年版，第656页。

为新政权的新的阶级统治”[①]，而是“消灭一切阶级”。随着阶级的消灭，国家政权也将走向消亡。“劳动阶级在发展进程中将创造一个消除阶级和阶级对抗的联合体来代替旧的市民社会。”[②]人类社会将通过无产阶级的政治革命消灭政治现象，在此之后，“社会进化将不再是政治革命”[③]。

可在蒲鲁东看来，未来社会将通过普遍建立互助及其组织形式实现整个社会财富构成的比例性关系，从而完成“真正的革命”，达到一种和谐的“无政府状态”，即畅想一切人能够有序联合起来、团结起来，对自己进行负责任的生产生活的形式。这样一来，互助就能使生产者之间按照价值的构成规律直接交换各自的劳动产品，从而消除资本家利用资本或货币这一交换的媒介对劳动的剥削。

而马克思基于对资产阶级社会中私有制所带来的诸多弊端的认识，意识到“现实的个人”只有占有现有的生产力的总和才能保证自己的生存和自主活动的实现。但这种占有不是凭空掉下的，不是上帝恩赐的，无产阶级必须采取普遍联合的革命手段才能实现这种占有。实际上，就是需要被压迫阶级能够自己解放自己，使得既得的生产力和现存的社会关系不再能够继续并存。与此同时，联合起来的个人对现有生产力的占有，也就意味着生产力得以普遍发展，现实的人能够在世界范围内普遍交往。因此，表现着阶级统治的政权也将不复存在，人的意识活动也将同物质生活一致起来，劳动实现了由被迫向自主的转化，人完全可以按照自己的意愿选择职业。

---

①《马克思恩格斯选集》第1卷，人民出版社2012年版，第274页。

②③《马克思恩格斯文集》第1卷，人民出版社2009年版，第655页。

延伸阅读

1. [法]蒲鲁东:《贫困的哲学》(上下卷),余叔通、王雪华译,商务印书馆2010年版。

2. [英]乔纳森·沃尔夫:《21世纪,重读马克思》,范元伟译,清华大学出版社2015年版。

3. 郝立新主编:《马克思主义发展史(第一卷)——马克思主义的创立(1840—1848)》,人民出版社2018年版。

深度思考

1. 马克思和蒲鲁东各自具有怎样的人民观?他们的人民观之间有什么样的区别?为什么会产生这样的差异?

2. 联系具体实际,谈一谈对“政治冷淡主义”的看法。

3. 如何理解《哲学的贫困》虽然是一部论战性的著作,但也是马克思主义世界观中“具有决定意义的论点”的科学表述?

Reading & Interpretation
大家写小书·马恩经典著作新读

第四章

《哲学的贫困》的现实意义

《哲学的贫困》是马克思为批判蒲鲁东《贫困的哲学》一书而写，它深入地揭露蒲鲁东经济学中“来自神的怀抱的迷茫”，彻底地批判隐藏在蒲鲁东经济学中的“形而上学”。马克思认为，《哲学的贫困》一书中包含了在《资本论》中阐发的理论的萌芽，它与《共产党宣言》一起，“可以作为研究‘资本论’和现代其他社会主义者的著作的入门”[①]；在马克思思想体系中“有决定意义的论点”，在《哲学的贫困》中“第一次作了科学的、虽然只是论战性的概述”[②]。站在新时代的历史起点上，学习《哲学的贫困》中所阐述的唯物史观、马克思主义政治经济学观点以及对无产阶级革命结论的引出，对于推动以人民为中心的高质量发展，开拓当代中国马克思主义政治经济学的新境界以及推进新时代中国特色社会主义的新发展，具有重要的现实意义。

一、坚持唯物史观，推动以人民为中心的高质量发展

马克思通过在《哲学的贫困》第二章第一节中对蒲鲁东错误观点的批判，揭示了蒲鲁东的经济学是脱离实际生活过程的形而上学。马克思指出生产关系是第一性的，经济范畴是第二性的，并由此进一步阐述了生产力与生产关系的辩证法。马克思从生产力的事实出发理解纷繁芜杂的经济现象，把经济范畴看作是具体的、现实的、历史的。通过对生产力的论述，得出“最强大的一种生产力是革命阶级本身”的观点。马克思的这些观点对于新时代坚持以人民为中心，满足人民

①《马克思恩格斯全集》第25卷，人民出版社2001年版，第425页。

②《马克思恩格斯文集》第2卷，人民出版社2009年版，第593页。

对美好生活的需要，集中力量发展社会生产力，推动经济社会全面发展，以及推动全面深化改革，奋力构建新发展格局具有重要的指导意义。

（一）坚持以人民为中心，满足人民对美好生活的需要

马克思在《哲学的贫困》一书中论述生产力的内容时深刻指出，“在一切生产工具中，最强大的一种生产力是革命阶级本身”[①]。这就是说，生产力不仅是指人们通常所说的生产工具，而且包括革命阶级本身，从而充分肯定了作为历史主体的革命阶级在创造历史中的伟大作用。习近平指出：“要抓住人民最关心最直接最现实的利益问题，把人民群众的小事当作我们的大事，从人民群众关心的事情做起，从让人民满意的事情抓起。”[②]历史反复证明，人民群众是历史发展和社会进步的主体力量，是先进生产力和先进文化的创造主体。

中国特色社会主义进入新时代，《哲学的贫困》中所阐述的人民是历史主体的观点，为我们党在今天始终把人民放在心中最高位置，着力解决好人民最关心最直接最现实的利益问题提供有力支撑。人民群众是社会主义国家的主人和社会主义事业的建设者。无产阶级领导的社会主义革命和建设事业，不是少数人的事业，而是依靠多数人并为多数人服务的事业。人民群众不仅是历史的创造者，而且是社会主义事业的建设者，是决定社会主义国家前途和命运的根本力量。列宁曾经指出，生气勃勃的创造性的社会主义是由人民群众自己创立的。毛泽东也曾指出，中国的命运一经操在人民自己的

---

①《马克思恩格斯文集》第1卷，人民出版社2009版，第655页。

②《习近平谈治国理政》第3卷，外文出版社2020年版，第135页。

手里，中国就将如太阳升起在东方那样，以自己的辉煌的光焰普照大地。

人民对美好生活的向往就是我们的奋斗目标。党的十九届五中全会指出，“十四五”时期经济社会发展必须遵循坚持以人民为中心的原则，坚持人民主体地位，坚持共同富裕方向，始终做到发展为了人民、发展依靠人民、发展成果由人民共享，维护人民根本利益，激发全体人民积极性、主动性、创造性，促进社会公平，增进民生福祉，不断满足人民对美好生活的需要。这是对《哲学的贫困》中关于人民是历史主体的观点的坚持和发展，为切实推动全体人民和中华儿女在实现中华民族伟大复兴的历史进程中共享幸福和荣光提供有力支撑。

（二）集中力量发展社会生产力，推动经济社会全面发展

马克思在批判蒲鲁东唯心主义的观点时，论证了生产力在社会历史发展中的决定作用。他指出，社会生产力固然是人们实践活动的结果，但它不是人们可以任意选择的。生产力是一种既得的力量，是以往活动的结果。马克思以资本主义社会的生产为基础，说明了生产力和生产关系的辩证法可以总结为：生产力是整个历史的全部基础，它决定着生产关系。生产力的发展改变了人们的生产方式即谋生方式，从而引起了社会关系的改变。

马克思在《哲学的贫困》中论证了生产力在社会发展中的决定作用，这为“十四五”时期我国经济发展取得新成效指明了重点和方向。回望历史，改革开放以来，我们始终不渝地坚持解放和发展社会生产力，不断满足人民群众日益增长的物质文化需要，为实现人民幸福、人的全面自由发展奠定了坚实

基础。我国经济发展获得巨大成功的一个关键因素，就是我们既发挥了市场经济的长处，又发挥了社会主义制度的优越性。好的经济制度，能够不断激发社会活力。从传统的计划经济体制到前无古人的社会主义市场经济体制，我们的基本经济制度不断完善，为实现经济快速发展奠定了制度基础。

在"十三五"时期，我国的经济实力、科技实力、综合国力跃上新的大台阶，经济运行总体平稳，经济结构持续优化，取得了巨大的成就。展望未来，我们要继续集中力量发展社会生产力，坚持按劳分配为主体、多种分配方式并存，在激发创造活力的同时守住公平底线。在质量效益明显提升的基础上实现经济持续健康发展，经济增长潜力充分发挥，经济结构更加优化，推动经济社会全面发展。

（三）推动全面深化改革，奋力构建新发展格局

马克思在《哲学的贫困》中指出，"随着新生产力的获得，人们改变自己的生产方式，随着生产方式即谋生的方式的改变，人们也就会改变自己的一切社会关系。手推磨产生的是封建主的社会，蒸汽磨产生的是工业资本家的社会"[①]。《哲学的贫困》发展了《德意志意识形态》中关于生产力与生产关系的思想，科学地表述了生产力决定生产关系的原理，坚持这个"有决定意义的论点"，为深化改革，促进生产关系与生产力相适应提供有力支撑。

中国特色社会主义进入新时代，我国社会生产力水平总体上显著提高，社会生产能力在很多方面进入世界前列，但是

①《马克思恩格斯文集》第1卷，人民出版社2009年版，第602页。

不平衡不充分的发展已经成为满足人民日益增长的美好生活需要的主要制约因素。在国际上，当前我国发展环境面临深刻复杂变化。一方面，当今世界正经历百年未有之大变局，新一轮科技革命和产业变革深入发展，国际力量对比深刻调整。另一方面，国际环境日趋复杂，不稳定性不确定性明显增加。因此我们要坚定不移全面深化改革，要善于运用改革思维和创新方法，以问题为导向，加强宏观思考和顶层设计，选取真正的重点、难点、堵点集中攻关，以开放的视野推动“双循环”，以前瞻的眼光下好“先手棋”，奋力推动构建新发展格局，为中国经济创造新优势、开拓新空间、增添新动力。

知识链接

★ 新发展理念 ★

2015年10月29日，习近平在党的十八届五中全会第二次全体会议上的讲话鲜明提出了创新、协调、绿色、开放、共享的发展理念。[①]新发展理念符合我国国情，顺应时代要求，对破解发展难题、增强发展动力、厚植发展优势具有重大指导意义。创新发展注重的是解决发展动力问题，协调发展注重的是解决发展不平衡问题，绿色发展注重的是解决人与自然和谐问题，开放发展注重的是解决发展内外联动问题，共享发展注重的是解决社会公平正义问题。

① 参见《习近平在党的十八届五中全会第二次全体会议上的讲话（节选）》，《人民日报》2016年1月1日，第1版。

二、坚持马克思主义政治经济学观点，构建中国特色社会主义政治经济学

在《贫困的哲学》第二章中，蒲鲁东构建了自己的价值理论，提出了“构成价值”这个概念。在蒲鲁东看来，他自己创造了政治经济学有史以来最伟大的革命。马克思首先揭露了，蒲鲁东的价值理论不是什么科学的发现，而是古典政治经济学中的老生常谈。马克思通过对蒲鲁东的价值理论进行批判，阐述了自己对于政治经济学的一些观点，虽然这时还没有形成系统的马克思主义政治经济学观点，但这为之后马克思主义政治经济学观点的完整提出奠定了基础。马克思通过对蒲鲁东的政治经济学方法论的批判实现了对黑格尔唯心辩证法和李嘉图经验主义的双重超越，继承并发展了古典经济学的劳动价值论，初步揭示了剩余价值的秘密。今天在新时代的背景下，再来学习马克思主义政治经济学观点，对构建中国特色社会主义政治经济学具有重要现实意义。

（一）深刻把握劳动的价值来源，充分调动劳动者奋斗新时代的积极性、主动性

马克思在《哲学的贫困》中阐明了商品生产社会总关系以及竞争这二者在社会劳动分配中的作用，指出价值表示的是一种由单个人参与社会总劳动决定的社会关系。马克思认为，价值尺度本身不能再是价值，而必须是某种不同于价值本身的东西。马克思认为构成价值实体的这种不同于价值本身的东西，就是劳动，它的尺度即劳动时间，就是价值的尺度。随后马克思在论述生产力的内容时深刻指出：“在一切生

产工具中，最强大的一种生产力是革命阶级本身。”马克思在生产过程中发现了劳动者，肯定了劳动者在社会生产中处于主体的地位，认识到发展生产力还是要依靠劳动者，这为之后劳动价值论的完整提出奠定了基础。这也启示我们在新时代背景下发展社会经济，一定要重视广大劳动者在推动经济发展过程中的实际作用。

2020年11月24日，习近平总书记在全国劳动模范和先进工作者表彰大会上指出："在长期实践中，我们培育形成了爱岗敬业、争创一流、艰苦奋斗、勇于创新、淡泊名利、甘于奉献的劳模精神，崇尚劳动、热爱劳动、辛勤劳动、诚实劳动的劳动精神，执着专注、精益求精、一丝不苟、追求卓越的工匠精神。"[①]全社会要崇尚劳动、见贤思齐，弘扬劳动最光荣、劳动最崇高、劳动最伟大、劳动最美丽的社会风尚。社会主义是干出来的，新时代是奋斗出来的。因此在新形势下，我们必须紧紧依靠工人阶级和广大劳动群众，大力弘扬劳模精神、劳动精神、工匠精神，充分发挥工人阶级和广大劳动群众主力军作用，努力建设高素质劳动大军，切实实现好、维护好、发展好劳动者合法权益，不断提升工人阶级和广大劳动群众的获得感、幸福感、安全感，充分调动劳动者奋斗新时代的积极性、主动性。

（二）深刻理解剩余价值思想，支持国有资本和国有企业做强做优做大

蒲鲁东在《贫困的哲学》中，把“劳动”商品看作同其他任

① 习近平：《在全国劳动模范和先进工作者表彰大会上的讲话》，人民出版社2020年版，第4页。

何商品一样的商品。而马克思却看到了一个可怕的现实，即劳动本身成了交易品，并且工人的工资不断地被压到生存的最低限额。马克思根据价值理论证实，“由劳动时间衡量的相对价值注定是工人遭受现代奴役的公式，而不是蒲鲁东先生所希望的无产阶级求得解放的‘革命理论’”[①]。同时马克思还指出，无产阶级如果不消灭他们的“劳动”即劳动力商品的性质，他们就不可能使自己获得解放。

当然马克思在《哲学的贫困》中虽然还没有研究到作为决定价值量要素的社会必要劳动时间这一概念，但可以看出，在他关于竞争的论述中已经开始包含着他在几年后所得出的结论，也就是马克思关于劳动时间是价值尺度的论述，证明他的《哲学的贫困》已在很大程度上接近了《资本论》，“马克思沿着李嘉图的理论路径不断逼近劳动价值论，最终通过剩余价值成功地解决了古典经济学的核心问题，引申出资本主义剥削的秘密”[②]。

在新时代的背景下，要警惕私有资本因追求剩余价值对劳动者乃至整个社会利益的损害，必须坚持公有制为主体、多种所有制经济共同发展。毫不动摇地巩固和发展公有制经济，毫不动摇地鼓励、支持、引导非公有制经济发展，支持国有资本和国有企业做强做优做大，建立中国特色现代企业制度，增强国有经济竞争力、创新力、控制力、影响力、抗风险能力，营造公平竞争、促进企业健康发展的政策和制度环境，实现多种所有制经济共同发展，不断完善和发展社会主义市场经济

① 《马克思恩格斯全集》第4卷，人民出版社1958年版，第95页。

② 姜海波：《马克思〈哲学的贫困〉研究读本》，中央编译出版社2013年版，第134页。

体制。

知识链接 ……………………………………………………

★ 国有企业 ★

国有企业，是指国务院和地方人民政府分别代表国家履行出资人职责的国有独资企业、国有独资公司以及国有资本控股公司，包括中央和地方国有资产监督管理机构和其他部门所监管的企业本级及其逐级投资形成的企业。国有企业是中国特色社会主义的重要物质基础和政治基础，关系公有制主体地位的巩固，关系中国共产党的执政地位和执政能力，关系我国社会主义制度。习近平总书记指出："国有企业不仅要，而且一定要办好。"[①]

三、坚持科学社会主义基本原则，推进新时代中国特色社会主义的新发展

马克思在《哲学的贫困》中阐述了唯物史观基本原理，批判了蒲鲁东不懂得一定时代的生产所具有的种种形式的历史的和暂时的性质。这些对科学社会主义基本原则所作的阐述，对当时世界各国社会主义运动的蓬勃发展提供了强有力的理论武器。习近平总书记指出："中国特色社会主义是社会主义而不是其他什么主义，科学社会主义基本原则不能丢，丢了就不是社会主义。"[②]在新时代的背景下，面对中国特色社会

① 中共中央文献研究室编：《习近平关于社会主义经济建设论述摘编》，中央文献出版社2017年版，第69页。

② 习近平：《关于坚持和发展中国特色社会主义的几个问题》，《求是》2019年第7期，第5页。

主义发展的新变化，我们更加应该坚持科学社会主义基本原则，重视无产阶级同盟在社会进化中的重要作用，发挥工人阶级主力军作用，为实现中国梦提供广泛力量支持。同时还要发扬斗争精神，继续进行许多具有新的历史特点的伟大斗争，牢牢坚持共产主义远大理想，为实现中华民族伟大复兴不懈奋斗。

（一）坚持无产阶级同盟，发挥工人阶级主力军作用

马克思在《哲学的贫困》中指出大工业把大批互不相识的人们聚集起来，为了维护工资这一对付老板的共同利益，他们组成同盟联合起来。后来在斗争中，这批人逐渐团结起来，形成一个自为的阶级，他们所维护的利益变成阶级的利益。而被压迫阶级的解放必然意味着新社会的建立。**“在一切生产工具中，最强大的一种生产力是革命阶级本身。”**[①]马克思为我们阐述了无产阶级同盟形成的过程，指出为实现共同利益，不单单是无产阶级内部要团结，无产阶级也要和其他社会积极力量团结起来。马克思的无产阶级联合起来，形成工人同盟的观点，对于推动今天巩固和发展最广泛的爱国统 一战线具有重要意义。

在全国劳动模范和先进工作者表彰大会上，习近平总书记深刻指出，**“工人阶级是我国的领导阶级，是先进生产力和生产关系的代表，是坚持和发展中国特色社会主义的主力军”**[②]，并强调要充分发挥工人阶级和广大劳动群众主力军作用。长期以来，在党的领导下，我国工人阶级和广大劳动群众

① 《马克思恩格斯全集》第4卷，人民出版社1958年版，第197页。

② 习近平：《在全国劳动模范和先进工作者表彰大会上的讲话》，人民出版社2020年版，第6页。

与祖国同成长、与时代齐奋进，在新时代的伟大征程上为决胜全面建成小康社会、决战脱贫攻坚发挥了主力军作用。

新冠肺炎疫情发生以来，我国工人阶级和广大劳动群众响应党中央号召，风雨同舟、众志成城，积极投身疫情防控的人民战争、总体战、阻击战，为全国抗疫斗争取得重大战略成果和经济社会发展工作取得积极成效作出了突出贡献，充分展现了中国人民和中华民族的伟大力量。“十四五”时期我国进入新发展阶段，这是全面建设社会主义现代化国家、向第二个百年奋斗目标进军的阶段，统筹中华民族伟大复兴战略全局和世界百年未有之大变局，唯有充分发挥工人阶级和广大劳动群众主力军作用，保持战略定力，办好自己的事，风雨无阻向前进，我们才一定能全面建成社会主义现代化强国，实现中华民族伟大复兴。

（二）发扬斗争精神，继续进行许多具有新的历史特点的伟大斗争

针对蒲鲁东否定一切政治斗争和革命行动的观点，马克思阐明了阶级斗争和政治革命对历史发展的推动作用。在马克思看来，生产力和生产关系的矛盾是社会历史发展的根本动力。“当文明一开始的时候，生产就开始建立在级别、等级和阶级的对抗上，最后建立在积累的劳动和直接的劳动的对抗上。”[①]因此在文明社会的历史中，生产力和阶级对抗是同时发展的。在这个过程中，一个代表着社会上“坏”的、否定方面的阶级不断成长壮大，直到它求得解放的物质条件最后成熟。

---

①《马克思恩格斯全集》第4卷，人民出版社1958年版，第104页。

被压迫阶级的存在是每一个以阶级对抗为基础的社会的必要条件，而被压迫阶级的解放则意味着革命的发生和新社会的建立，这是历史的必然。

马克思主义产生和发展、社会主义国家诞生和发展的历程充满着斗争的艰辛。《哲学的贫困》所蕴含的马克思主义阶级理论具有真理性和实践性。它不仅适用于认识整个阶级社会，还适用于阶级斗争趋于消灭的社会主义社会。实现伟大梦想，必须进行伟大斗争。社会是在矛盾运动中前进的，有矛盾就会有斗争。从中国共产党成立，到中华人民共和国建立，从实行改革开放，到推进新时代中国特色社会主义事业，没有哪一项伟大事业不是在斗争中诞生、在斗争中发展、在斗争中壮大的。

新时代坚持和发展中国特色社会主义是一场伟大社会革命，要求我们必须时刻进行具有许多新的历史特点的伟大斗争。因此我们必须要深刻认识我国社会主要矛盾变化带来的新特征新要求，深刻认识错综复杂的国际环境带来的新矛盾新挑战，坚定发展信心的同时也要做好应对更为复杂严峻风险挑战的准备，坚持以我为主，观大势、谋长远、善运筹，集中力量办好自己的事，不断增强斗争意识，培育斗争精神，提高斗争本领，掌握斗争艺术，不断夺取伟大斗争新胜利。

（三）坚定共产主义远大理想，为中华民族伟大复兴不懈奋斗

《哲学的贫困》虽然是一部论战性的著作，但也是对马克思主义世界观中“具有决定意义的论点”的科学表述，是对《德意志意识形态》所阐述的基本原理的丰富和发展。马克思批判蒲鲁东的唯心史观时，运用唯物辩证法研究社会历史过程，

同时还通过罢工和工人之间的同盟论证了无产阶级的社会革命的必要性和可能性。马克思在《哲学的贫困》中所阐发的世界观和方法论为无产阶级和共产党人认识世界和改造世界提供了强大的思想武器。站在新的历史起点上，回看《哲学的贫困》这本著作，其中所散发的思想之光在历史的长河中熠熠生辉，它让我们再一次坚定了共产主义理想的信心和决心。

“实现共产主义，并把实现人的自由而全面的发展作为共产主义的本质特征。”①中国共产党人以此作为自己的奋斗目标，带领中国人民一步步从站起来、富起来走向强起来的伟大征程。新时代，用习近平新时代中国特色社会主义思想武装头脑、指导实践、推动工作，是做好一切工作的重要前提。我们一定要坚持共产主义远大理想和中国特色社会主义共同理想，持续强化问题意识、时代意识、战略意识，用深邃的历史眼光、宽广的国际视野把握事物发展的本质和内在联系，紧密跟踪亿万人民的创造性实践，借鉴吸收人类一切优秀文明成果，不断回答时代和实践给我们提出的新的重大课题，努力为实现中华民族伟大复兴的中国梦而不懈奋斗，让当代中国马克思主义放射出更加灿烂的真理光芒。

知识链接 ……………………………………

★ 共产主义者同盟 ★

共产主义者同盟是第一个以科学社会主义为指导思想的国际

① 习近平：《学习马克思主义基本理论是共产党人的必修课》，《求是》2019年第22期，第6页。

无产阶级的政党，在对正义者同盟进行根本改造的基础上建立。正义者同盟是19世纪30年代成立的德国工人和手工业者的秘密革命组织。1847年年初，正义者同盟派约瑟夫·莫尔邀请马克思、恩格斯加入并决定按他们的主张改组同盟。1847年6月2日—9日在伦敦秘密举行第一次代表大会，建立共产主义者同盟，拟定章程，并用“全世界无产者联合起来”的国际主义口号代替“人人皆兄弟”的旧口号。

延伸阅读

1. 孙正聿：《马克思主义基础理论研究》，北京师范大学出版社2020年版。

2. 姜海波：《马克思〈哲学的贫困〉研究读本》，中央编译出版社2013年版。

深度思考

1. 《哲学的贫困》对于建设新时代中国特色社会主义还有哪些价值和意义？

2. 在中国特色社会主义进入新时代的背景下，如何坚持科学社会主义基本原则，推进新时代中国特色社会主义的新发展？

3. 分析《哲学的贫困》对于新时代统揽伟大斗争、伟大工程、伟大事业、伟大梦想的现实指导意义和价值。

后　记

习近平总书记指出："学习马克思主义基本理论是共产党人的必修课。"①《哲学的贫困》蕴含着丰富的马克思主义基本原理，是强化理论武装的重要读本。通过批判蒲鲁东的小资产阶级经济学和社会主义观点，马克思对唯物史观、唯物辩证法和科学社会主义思想作出了更为精确的表述。马克思高度评价了《哲学的贫困》，认为《哲学的贫困》与《共产党宣言》一起，可以作为研究《资本论》和现代其他社会主义者的著作的入门书籍。

《哲学的贫困》是一部论战性著作，充满着批判性和革命性。马克思主义发展史是一部批判的、革命的历史，也正是通过对种种谬误、歪曲、诋毁和攻击的批驳，马克思主义的科学性和真理性才得到更充分的彰显，马克思主义得到更广泛的发展和更深入的传播，成为无产阶级获得解放的思想理论武器。对此，学习《哲学的贫困》，不仅要学习文本中关于唯物史观、唯物辩证法和科学社会主义的基本原理，也要学习文本本身所蕴含的批判性方法。

本书回归到马克思写作《哲学的贫困》的语境之中，并立足新时代对经典著作进行研究和阐释，期冀能够推动经典著

① 习近平：《学习马克思主义基本理论是共产党人的必修课》，《求是》2019年第22期，第4页。

作的宣传和普及，让马克思主义理论为亿万人民所了解和接受，成为亿万人民认识世界、改造世界的思想武器。

本书中的不足之处，敬请广大读者和专家批评指正。特别感谢编审们对本书出版的辛勤付出，以及张瑾，马璐、樊志远、何佳琪、杨心怡、杨珂、皇甫亮玉在本书写作中的贡献。

燕连福

2022年3月15日于西安